Beck'sche Reihe
BsR 290

Maxime Rodinson, geb. 1915, ist Directeur d'études an der Ecole pratique des Hautes Etudes, an der er seit 1955 altsemitische Sprachen lehrte. In seinen Veröffentlichungen beschäftigt er sich vor allem mit jüdischer Geschichte und mit dem europäischen Islambild der letzten Jahrhunderte.

MAXIME RODINSON

Die Faszination
des Islam

Deutsch von Irene Riesen

VERLAG C.H.BECK MÜNCHEN

Der Übersetzung liegt folgende Ausgabe zugrunde:
Maxime Rodinson, La fascination de l'Islam
© Librairie François Maspero, Paris 1980

CIP-Titelaufnahme der Deutschen Bibliothek

Rodinson, Maxime:
Die Faszination des Islam / Maxime Rodinson.
Dt. von Irene Riesen. – 2. Aufl. – München : Beck, 1991
  (Beck'sche Reihe ; Bd. 290)
  Einheitssacht.: La fascination de l'Islam ⟨dt.⟩
  ISBN 3-406-35418-1
NE: GT

ISBN 3 406 35418 1

2. Auflage 1991
Einbandentwurf: Uwe Göbel, München
Umschlagabbildung: Burgerbibliothek Bern, Cod. 120
(Petrus de Ebulo, Liber ad honorem Augusti), fol. 97
(Krankheit und Tod König Wilhelms II. von Sizilien)
Für die deutsche Ausgabe:
© C. H. Beck'sche Verlagsbuchhandlung (Oscar Beck) München 1985
Gesamtherstellung: Appl, Wemding
Printed in Germany

Inhalt

Einleitung

Der vorliegende Band besteht aus zwei Skizzen von unterschiedlicher Länge.

Die umfangreichere erste Skizze enthält mehr Fakten und mußte lange auf ihr Erscheinen in dieser ungekürzten Fassung warten. Sie läuft eher Gefahr, von den mehr oder weniger sachverständigen Lesern mißverstanden zu werden. Denn sie ist weder eine gelehrte Kompilation noch ein beschwingter und eingängiger Essay, will auch weder das eine noch das andere sein – zwei Formen der Fachliteratur, mit denen diese Leser vertraut sind: die erstere pflegen sie zu schätzen, die zweite oft einfach zu verachten.

Man wird anderswo – auf diese Arbeiten werde ich im folgenden hinweisen – mehr bibliographische und andere Einzelheiten zur Geschichte der Orientstudien und des Islambilds im Westen finden. Ich wollte aus der Fülle von Fakten nur das herausgreifen, was mir treffend, typisch und sprechend schien, um damit die großen geistigen Strömungen zu illustrieren, die ich zu erkennen glaubte. Mein Hauptziel – immer verknüpft mit dem Bemühen, einen für ein breites Publikum lesbaren Text zu schreiben – war es, eben diese Strömungen zu erfassen und ihre Kausalität aufzudecken. Auch wollte ich herausfinden, inwieweit die Diskriminierungen der einen Betrachter und die Selbstzufriedenheit der andern begründet waren und was sich dahinter an ideologischer Extrapolation verbarg.

Dieser Gesichtspunkt hat seine Wurzeln in der Reaktion auf geläufige polemische Darstellungen. Er will sich an den faktischen Problemen orientieren, die diese Darstellungen aufgreifen. Er mißt überdies den heutigen und künftigen existentiellen Beziehungen zwischen „Muslimen" (oder weiter gefaßt: den Kolonisierten) und „Abendländern" erstrangige Bedeutung bei. Jenseits dieses Gesichtspunktes und der einfachen Zusammenfassung, welche die ersten Adressaten dieser Arbeit von mir erwarteten, gibt es eine andere Sehweise, zu deren Präzisierung mein Essay beitragen könnte: sie bezieht sich auf ein viel weiter zu fassendes Problem, ein Problem soziologischer Natur, das ich für wichtiger halte als die Fragen, die aus den polemischen Auseinandersetzungen zwischen „Orientalen", „Islamophilen" und Orientalisten hervorgehen. Dieses Problem ist wissenschaftlich gesehen auch dauerhafter, selbst wenn es von den zwei einander entgegengesetzten Urteils-Kategorien als marginal behandelt wird: von den Spezialisten für orientalische Studien und von jenen Leuten, die für die eine oder die andere Völkergruppe Partei ergriffen haben bei dem Konflikt, in dem sie sich – zumindest ideologisch – befinden.

Für die Wissenschaft ist es von größtem Interesse, herauszufinden, wie sich die Einstellungen einer großen Gruppe von Völkern analoger Kultur gegenüber einer anderen Gruppe des gleichen Typs herausbilden und entwickeln. Die in diesem Zusammenhang unter den Begriffen des „Ethnozentrismus" oder des „Rassismus" oft vorgebrachten Überlegungen treffen mehr oder weniger zu, sind aber viel zu vage.[1] Es kann auch nicht um eine strikt objektive Sehweise der Realität gehen – was immer ein konformistisches Publikum und Orientalisten davon halten mögen, die trotz ihres wissenschaftlichen Anspruchs dessen Optik teilen. Ich habe versucht, die bedeutenden Faktoren zu zeigen: einerseits die jeweilige (und wechselnde) Lage der beiden einander gegenüberstehenden Welten und andererseits die inneren

Überzeugungen des urteilenden „Zuschauer-Akteurs" (auch sie wechseln ja und sind nicht selten ebenfalls von inneren Faktoren abhängig). Diese Überzeugungen treten normalerweise als Ideologien auf. Das Ergebnis ist nicht *ein* Bild, wie es so viele Analytiker meistens von vornherein annehmen, sondern es sind mehrere – je nach Milieu, sozialer Klasse und dem Platz, den die Angehörigen verschiedener Gesellschaftsschichten in den Beziehungen mit der anderen Welt einnehmen – je nach der Rolle, die sie spielen, dem Grad ihres Engagements in den Ideologien ihrer Umwelt usw. Diese Bilder sind oft wirksam und aktiv; sie führen jedenfalls zu folgenreichen Einstellungen, im äußersten Fall zu Handlungen, denen sie die Richtung weisen.

Einer der Hauptmängel der Analyse dieses Gegenstandes ist meines Erachtens der „naive" Glaube an das Vorherrschen eines einzigen – und natürlich des von der Theorie am stärksten geprägten – Bildes, jenes, das die „organischen" Ideologen der Kultur, von der die Urteile ausgehen, durchsetzen. Die Wirklichkeit ist, wie meine Analyse hoffentlich zeigen kann, ganz anders. Während vor allem die Militanten erklären, jedes Bild sei ideologisch bestimmt – was zu sagen erlaubt, alle Bilder seien sich ebenbürtig, also könne man jenes auswählen, das einem zusagt, ohne sich dafür rechtfertigen zu müssen –, habe ich in einem anderen Sinn versucht darzulegen, wie selbst die sehr weit gehende Ideologisierung eines Volkes nicht ausschließt, daß sich Bereiche der „Objektivität" erhalten. Sie sind manchmal klein, können aber unter bestimmten Umständen erweitert werden, und sei es auf die Gefahr hin, daß man auf der einen Seite etwas verliert, was man auf der anderen Seite gewonnen hat.

So habe ich auf die kritische Untersuchung der polemischen Argumente und die Konstruktion eines soziologischen Modells mein Hauptaugenmerk gerichtet, ohne, wie man sehen wird, für den lebendigen Reiz der Anekdote unempfänglich zu sein.

Der erste Text, ‚Die muslimische Welt im Spiegel des Westens‘, hat eine wechselvolle Entstehungsgeschichte, auf die ich schon deshalb eingehen möchte, weil die ergänzenden Ausführungen, die in dieser Einleitung noch folgen, wohl einer Rechtfertigung bedürfen. Das Wesentliche ist 1968 geschrieben worden. Man hatte mich gebeten, das Thema im Rahmen eines englischen Sammelbandes über das Vermächtnis der islamischen Zivilisation an die Weltkultur zu behandeln.[2] Fasziniert vom Gegenstand, ließ ich mich dazu verleiten, einen für den vorgesehenen Band viel zu umfangreichen Beitrag zu schreiben. Der damals für die Publikation verantwortliche Mann war ein großer Gelehrter: Joseph Schacht, der das Studium des islamischen Rechts neu belebt hat (der Wert anderer Arbeiten sei damit nicht geschmälert).[3] Mit großer Hingabe befaßte er sich persönlich mit der Verknappung und Übersetzung meines Textes. Er erledigte diese Arbeit mit Intelligenz, mit Respekt für meine Ansichten (die er durchaus nicht immer teilte) und mit Scharfsinn. Es mußte natürlich viel geopfert werden, um einen Text in der richtigen Länge zu gewinnen. Joseph Schachts Tod (am 1. August 1969) und viele andere Umstände verzögerten dann das Erscheinen des Sammelbandes, der diese „Zusammenfassung“ enthielt, bis 1974.[4]

Der vollständige französische Text diente als Ausgangsbasis für einige Vorträge und Exposés.[5] Ich überließ ihn auch verschiedenen interessierten Freunden, von denen manche seither Werke zum selben Thema verfaßt haben. Er erschien schließlich – aber in einer Form, die eine Verbreitung nicht zuließ.[6] Der vorliegende Band soll die korrekte und komplette Veröffentlichung nun nachholen.

Seit der ersten Abfassung des Textes sind, wie immer, viele weitere Fakten grundsätzlicher Art zusammengetragen worden. Vor allem handelt es sich dabei um Texte. Stammen sie aus dem Mittelalter, so sind es Handschriften, die man gedruckt und dadurch zugänglich gemacht hat, oder aber bereits gedruckte Texte, die korrekter und ausführlicher ediert worden sind. Sind sie späteren Datums, so hat der eine oder andere die Aufmerksamkeit auf vernachlässigte Werke oder Dokumente gelenkt.

Andererseits sind seither auch mehrere zusammenfassende Werke zum Gegenstand erschienen, die denselben Plan in verschiedener Form und unter einem anderen Blickwinkel wieder aufgreifen und sich dabei oft auf dieselben, manchmal aber auch auf andere Dokumente stützen, die mir damals nicht bekannt gewesen sind oder die ich aus verschiedenen Gründen nicht berücksichtigt habe. Diese Werke enthalten aber neben gewissen Vorstellungen, die ich teile, vorwiegend andere Überlegungen. Meinerseits habe ich, da ich dieses Thema immer aufmerksam verfolge, während meiner Lektüren natürlich auch neue Fakten festgehalten, und meine Überlegungen zu gewissen Punkten haben sich insbesondere im Licht der neueren Ereignisse weiterentwickelt.

Mir erscheint es aber nicht zweckmäßig, den ursprünglichen Text völlig neu zu fassen. Ich habe zusätzlich einige besonders interessante Texte erwähnt oder zitiert sowie einige Querverweise hinzugefügt. Nicht in allen Fällen ist die Bibliographie auf dem neuesten Stand. Aber meine Darstellung hat nie beansprucht, umfassend zu sein. Ich hatte eine Art Musterkollektion zusammengestellt, die, wie mir scheint, nach wie vor ausreicht, um eine Analyse zu erlauben.

Diese Gesamtanalyse war und bleibt mein Hauptanliegen, und sie wird, so nehme ich an, das sein, was die meisten Leser suchen. Ich glaube nicht, daß ich ihre großen Linien verändern muß. Ich habe höchstens gewisse Formulierungen nuanciert.

Hier wie anderswo habe ich versucht, einen mittleren Weg zwischen zwei Tendenzen zu gehen, die mir beide in die Irre zu führen scheinen, zu denen aber wohl die Macht der Ereignisse am häufigsten verleitet. Einerseits haben die Fachleute oft die Neigung, sich ausschließlich mit der Anhäufung von Basisinformationen zu beschäftigen, sich beispielsweise nur für einen Text zu interessieren, den sie noch nicht kennen. Andererseits bilden die geäußerten Gedanken das einzige Interesse eines breiteren Publikums, der „Allgemeinpraktiker" (Philosophen, Soziologen usw.), der Fachleute anderer Disziplinen, all jener, die hoffen, darin Erleuchtungen zu finden, mit denen ein schon vorhandenes politisches, soziales oder existentielles Engagement noch gestärkt werden kann. Stößt man nun in der einen oder anderen Richtung bis an die Grenze vor (das ist glücklicherweise nicht immer der Fall), dann endet man auf der einen Seite beim bornierten Gelehrten, der nicht in der Lage ist, den Zusammenhang von zwei Gegebenheiten herzustellen, ja nicht einmal interessiert ist an allgemeinen Überlegungen, und auf der anderen Seite beim Artisten, der mit Virtuosität und unter souveräner Verachtung der Tatsachen seine Theorien konstruiert. Ich versuche immer zu zeigen, daß es möglich ist, behutsam, aber unter Nutzung aller bekannten Tatsachen, zugleich ohne den Anspruch auf Vollständigkeit zur Abstraktion zu gelangen – in steter Bereitschaft, sie neu zu überprüfen.

Es scheint mir sinnvoll, hier die zusammenfassenden Arbeiten zu erwähnen und zu charakterisieren, die seit der Niederschrift meines ersten Textes erschienen sind; zumindest jene, die ich für die wichtigsten halte.

Ein bedeutender, vorzüglich informierter Fachmann für islamische Studien, W. Montgomery Watt, hat eine Untersuchung über den Einfluß des Islams auf das mittelalterliche Europa publiziert.[7] Sie berührt zwar kaum das Thema, das ich hier behandeln wollte, obschon ich mich dafür andernorts interessiert[8] und – auch auf diesem Gebiet – die geläufigsten Ideen in Orientalistenkreisen kritisiert habe. Aber W. M. Watt befaßt sich in seiner Untersuchung naturgegeben ebenfalls mit der Vorstellung, die man sich im mittelalterlichen Europa vom Islam machte. Seine Folgerungen scheinen sich mit den meinen teilweise zu treffen. Ich bin mir freilich nicht sicher, ob er mit meiner Auffassung der Dinge völlig einverstanden wäre.

Auch Abbé Youakim Moubarac betrachtet den Gegenstand aus einem anderen Blickwinkel als ich, das geht allein schon aus dem Titel seines 1977 publizierten Buchs hervor: *Recherches sur la pensée chrétienne et l'Islam dans les temps modernes et à l'époque contemporaine.*[9] Aber in diesem sehr gelehrten und detailreichen Buch findet man viele Passagen, die sich mit Problemen beschäftigen, von denen auch bei mir die Rede ist. Die Analysen einzelner Autoren und die zahlreichen Zitate machen das Buch überaus anziehend und lehrreich. Die Zusammenfassungen erscheinen meistens unter der Perspektive des Dialogs zwischen christlichen und muslimischen Gläubigen. Das liegt natürlich meinen Absichten fern, selbst wenn man berücksichtigt, daß dieser Dialog bis zu einem gewissen Grad auch meine Analyse bestimmt.

Im Gegensatz dazu verharrt der begabte tunesische Historiker und Essayist Hichem Djait in seiner Arbeit nicht ausschließlich auf dem religiösen Standpunkt, sondern geht der europäischen Sicht des Islams oder, besser, der muslimischen Welt auf ähnliche Weise wie ich nach.[10] Er widmet ihr den ersten Teil seines Buchs *L'Europe et l'Islam* , in dem die Analyse dieser beiden kulturellen und historischen Welten an sich ebenfalls einen breiten Raum einnimmt. Es handelt sich um ein brillantes, überaus intelligentes und scharfsinniges Werk, in dem sich die hohe geistige Kultur eines Autors entfaltet, der im arabischen Bereich ebenso bewandert ist wie in dem der europäischen Geschichte und Geistesgeschichte. Ich kann die Lektüre nur empfehlen. Nur selten stimme ich mit den Äußerungen dieses Autors nicht überein, jedenfalls im erwähnten ersten Teil seines Werks. Anders als ich hat er sich nicht vorgenommen, von allen Epochen ein in den Einzelheiten möglichst ausgewogenes Bild zu zeichnen; er wendet sich vielmehr bestimmten Punkten und Autoren zu, was ihm übrigens erlaubt, besonders scharfsinnige und klar umrissene Urteile zu fällen.

Ich rate meinen Lesern auch, das Buch *Orientalism* von Edward Said zu lesen.[11] Das Werk dieses Palästiners – jetzt Professor für englische und vergleichende Literatur an der Columbia-Universität in New York und in der englischen und französischen Literatur hochgebildet – hat in der angelsächsischen Welt starke Beachtung gefunden. Bei den Orientalisten hat es so etwas wie ein Trauma verursacht. Zwar sind diese Leute inzwischen daran gewöhnt, daß ihre Arbeiten als „ethnozentrisch" kritisiert und sie selbst in „einheimischen" Publikationen als bewußte oder unbewußte Agenten des europäisch-amerikanischen Imperialismus angeprangert werden. Aber diese Publikationen rührten nicht an das eigentliche Milieu, in dem sie zirkulieren. Und nun werden dieselben Anschuldigungen plötzlich in englischer Sprache von einem außereuropäischen Fachmann formuliert, der mit Flaubert und Coleridge vertraut ist und sich auf die Ideen von Michel Foucault beruft! Die Orientalisten reagierten auf Saids Buch mit stilkritischen Anmerkungen, mit Hinweisen auf Auslassungen und Irrtümer dieses Autors, der nicht „dazugehört", der die Problemstellungen der Ereignisgeschichte oder der Kulturgeschichte, mit denen sich diese Fachleute auseinandersetzen, schlecht kenne. Verweisen wir also darauf, daß E. Saids Ausführungen durchaus allgemeiner Natur sind, daß er gegebenenfalls von den Studien über Indien und China spricht, daß er sich aber vor allem jene Untersuchungen vornimmt, die den muslimischen Nahen Osten und Maghreb, also in erster Linie die arabische Welt betreffen.

Gewisse kritische Äußerungen der Orientalisten erfolgten zu Recht, und ich selbst hätte einige weitere hinzuzufügen. Der absolute Relativismus des Autors scheint mir nicht begründet und im übrigen auch nicht auf kohärente Weise ausgeführt. Das ist aber nicht das Wesentliche. Man zieht immer Nutzen aus den Überlegungen, die ein Außenstehender zur Aktivität eines bestimmten Fachbereichs anstellt, wenigstens dann, wenn diese Überlegungen von jemandem kommen, der auf dem betreffenden Gebiet über ein bestimmtes Maß an Kenntnissen verfügt. Said hat insbesondere dazu beigetragen, die Ideologie der europäischen (vor allem der anglofranzösischen) Orientalistik im 19. und 20. Jahrhundert und ihre Verwurzelung in den politischen und wirtschaftlichen Zielen des damaligen Europa besser zu erfassen. Seine Analyse ist intelligent, scharfsichtig und oft treffend. Bei der Interpretation bestimmter Texte von Orientalisten scheint er mir manchmal, auf Grund seiner naturgegebenen Sensibilität gegenüber den Reaktionen der etablierten Europäer und Amerikaner, in seiner Wahrnehmung fehlgeleitet zu sein. Das führt dann zu einigen exzessiven Formulierungen. Aber ein großer Teil seiner Kritik an der traditionellen Orientalistik hat Gültigkeit, und die Schockwirkung seines Buchs wird sich als sehr nützlich erweisen, wenn sie die Fachleute zu der Einsicht bringt, daß sie nicht so unschuldig sind, wie sie meinen, und wenn diese Fachleute dann auch noch den Versuch machen, jene Ideologien aufzudecken und kritisch zu verarbeiten, von denen sie sich ja unbewußt leiten lassen.

Es ergibt sich allerdings eine Gefahr: Geht man bis an die Grenze gewisser Analysen und, mehr noch, gewisser Formulierungen von Edward Said, dann gelangt man zu einer Doktrin, die der Schdanowschen Theorie von den zwei Formen wissenschaftlichen Erkennens ähnelt. Davon frei ist indes keine Ideologie, die, gestützt auf opponierende Strömungen, die wissenschaftlichen Folgerungen in Frage stellt, die aus einer Klasse, einer sozialen oder ethnischen Schicht oder aus einer herrschenden Gruppe hervorgehen. Für diese Haltung gibt es immer reale Hintergründe, denn es ist klar, daß wissenschaftliches Denken immer subjektiv ist, will sagen, den sozialen oder nationalen Stempel derer trägt, von denen es ausgeht.

Doch eine solche Theorie kann sehr gefährlich werden. Wenn man sie bis aufs Äußerste strapaziert – und das versuchen die opponierenden Ideologen ja immer, um auf diese Weise ihre Position deutlich zu machen und zu festigen –, so bringt man lauter Lyssenkos hervor. Es traf natürlich zu, daß die Folgerungen der bürgerlichen Wissenschaftler teilweise – je nach Disziplin, Persönlichkeit, Umständen, speziellem Fall mehr oder weniger stark – von ihrer Klassensituation beeinflußt waren. Aber das bedeutete nicht, daß sie ohne jeden Bezug zur Realität waren. Vor allem bedeutete es nicht, daß die Proletarier – selbst wenn sie unwissend wären – von Natur aus das exklusive Vorrecht besäßen, einen totalen Zugang zu dieser Realität zu haben. Es ist richtig, daß die Nichterblichkeit der erworbenen Merkmale und die Erblichkeit der übrigen dazu angetan sind, einer rassistischen und hierarchistischen Sicht der Geschichte und der Gesellschaft Vorschub zu leisten. Doch ist eine solche Sicht nicht der zwingende Schluß. Vor allem bedeutet dies keineswegs, nur die militanten Antirassisten hätten das Recht, die Biologie der Vererbung zu untersuchen, oder das Privileg, daraus gültige Lehren zu ziehen. Es bedeutet keineswegs, daß die Untersuchungen von Gelehrten mit einer bewußt oder unbewußt rassistischen Ideologie alle wertlos seien, jene der militanten Antirassisten aber kritiklos hingenommen werden müßten.

Der Schdanowismus, konzipiert als eine Doktrin auf der Grundlage der sozialen Analyse, ist nicht ohne Nacheiferer geblieben. Viele Intellektuelle in der Dritten Welt (aber auch Anhänger der streitbaren regionalistischen Bewegungen in Europa) sind zumindest der Versuchung erlegen, in die gleiche Richtung zu gehen. Man hat von einer weißen und von einer schwarzen Wissenschaft reden hören, von einer Wissenschaft der Kolonisierten und von einer Wissenschaft der Imperialisten. Bis zum gegenwärtigen Zeitpunkt haben die Strukturen der kämpferischen Bewegungen verhindert, daß sich solche Doktrinen nennenswert entwickeln konnten. Wie beträchtlich die Verirrungen auch seien, die als Folge der kolonialen Situation Auswahl der Fakten und Urteilskraft beeinträchtigt haben, wie groß die Notwendigkeit auch sei, daß sich das Urteil kompetenter Kolonisierter oder Ex-Kolonisierter unter dem Einfluß ihrer natürlichen Empfindlichkeit gegenüber diesen Verirrungen Gehör verschaffe – man darf sich keinesfalls in die Richtung der besagten Doktrin der zwei Wissenschaften abdrängen lassen.

Der zweite Text dieses Buches gibt meine Gedanken zu eben diesem Punkt wieder. Es ist bezeichnend, daß es Orientalisten waren, die mich gebeten haben, dieses Problem zu behandeln, wie der Text zeigt: ein Vortrag, gehalten im Juni 1976 in Leiden in den Niederlanden vor den Mitgliedern der Niederländischen Gesellschaft für das Studium des Mittleren Ostens und des Islams, der Zunft der islamkundigen Orientalisten der Niederlande.[12] Die Rückwirkung des Buches von Edward Said hat die Besorgnis der Orientalisten und ihr Interesse an den sozialen, ethnischen und kulturellen Einflüssen auf ihre Disziplin wieder aufleben lassen. Auch war ich nicht allzu erstaunt, im März 1980 zum XXI. Kongreß der deutschen Orientalisten nach Berlin eingeladen zu werden, um in diesem Rahmen einen Vortrag zu halten, dessen Thema man mir setzte: Ethnozentrismus und Orientalistik.

Ich weiß nicht, ob die Antworten, die ich auf die so vorgelegten Fragen gebe, völlig befriedigend sind. Sicher nicht. Jedenfalls steht fest, daß nicht alle sie als befriedigend ansehen werden. Und das ist ja auch besser so. Indessen habe ich mein Möglichstes getan, um Unterlagen zu liefern, die dem Leser Aufschlüsse zu geben vermögen, und um ihm die Ergebnisse ehrlichen Nachdenkens vorzulegen. Alles andere liegt nicht in meinem Kompetenzbereich und auch nicht in meiner Macht.

Die muslimische Welt im Spiegel des Westens

1. Das Mittelalter: Kampf zweier Welten

Für den christlichen Westen waren die Muslime lange eine Bedrohung, ehe sie zu einem Problem wurden. In den fernen Regionen des Orients hatte eine Machtverlagerung stattgefunden; ein wildes und räuberisches Volk, nichtchristlich zudem, nahm riesige Landstriche ein, plünderte und entriß sie der Christenheit. So sprach dreißig oder vierzig Jahre nach dem Ereignis ein burgundischer Chronist: „Die *Agareni,* auch Sarazenen genannt, wie es das Buch des Orosius bestätigt, ein beschnittenes Volk, das in der Gegend des Kaukasus lebt, über dem Kaspischen Meer, in dem Ercolia genannten Land, waren zu zahlreich geworden, griffen deshalb zu den Waffen und stürzten sich auf die Provinz des Kaisers Aeraglia [Heraklios] . . . Die Sarazenen drangen rastlos immer weiter vor, wobei sie ihrer Gewohnheit gemäß die Provinzen des Reichs verwüsteten."[1*] Unter den Kaisern Konstans und Konstantin, die Heraklios folgten, „richteten die Sarazenen schreckliche Verwüstungen an. Nachdem sie Jerusalem eingenommen und andere Städte überrannt hatten, drangen sie in Ober- und Unterägypten ein, eroberten und plünderten Alexandria, vernichteten ganz Afrika und ergriffen die Herrschaft . . ." Der Kaiser sah sich gezwungen, ihnen einen Tribut zu zahlen.[2]

---

* Die Anmerkungen (im Anhang) wollen zu keiner der behandelten Fragen eine Bibliographie, auch nicht eine selektive, liefern, sondern nötigenfalls die Ausführungen des Autors belegen. M. R.

Die Plage sollte auch auf Spanien übergreifen, auf die Küsten Italiens und auf Gallien. Und es handelte sich immer noch um dieselbe Welle von barbarischen Plünderern. Als der angelsächsische Mönch Beda Venerabilis kurz vor seinem Tod im Jahre 735 seine *Historia ecclesiastica gentis Anglorum* durchsah, faßte er die letzten Ereignisse so zusammen: „Zu dieser Zeit verwüstete eine schreckliche Sarazenenplage Gallien und richtete ein fürchterliches Blutbad an; aber kurz darauf traf sie in diesem Land die Strafe, die ihre Ruchlosigkeit verdiente."[3] Es handelt sich um die berühmte Schlacht bei Tours und Poitiers (732).

Man stellte sich offenbar wenig Fragen über dieses Volk. Wie viele andere barbarische Völker war es eine Plage für die abendländischen Christen. Zum Jahr 793 verzeichnen die karolingischen Annalen, fälschlicherweise als Einhard-Annalen bezeichnet: „duo valde displicentia de diversis terrarum partibus adlata sunt", „[während der Kaiser so beschäftigt war] erfolgten aus zwei verschiedenen Gegenden zwei schwere Prüfungen".[4] Es handelt sich um den Sachsenkrieg und um den Einfall der Sarazenen in Septimanien.

Die Kriegszüge in der spanischen Mark mit ihrem Wechsel zwischen Erfolg und Rückschlag, selbst die Bündnisse mit den abtrünnigen Umaiyaden-Emiren, die manchmal in Aachen um Unterstützung nachsuchten, der Kampf gegen die Plünderer in Gallien, gegen die Seeräuber an den Küsten der Provence, Korsikas, Sardiniens, Italiens, Unternehmungen wie die Landung des Bonifatius von Lucca im aġlabidischen Tunesien im Jahr 828 – all das veränderte die Grundhaltung der Franken kaum. Für die Chronisten blieb die Beziehung unklar zwischen den Sarazenen des Westens – mit den „Mauren", die manchmal an ihren Raubzügen teilnahmen –, den Sarazenen „Afrikas" (Ifrīqiya, Tunesien) und denen Persiens, die vom amīr al-mu'minīn, *rex Persa-*

rum, „König der Perser" (anderswo *rex Sarracenorum,* „König der Sarazenen"), regiert wurden.[5]

Von den Sarazenen oder Arabern hatte man schon seit langem Kenntnis, lange vor dem Islam, und zuerst wurde ihrem Religionswechsel kaum Beachtung geschenkt. Eine Weltbeschreibung, die aus dem 4. Jahrhundert stammt, hielt beispielsweise fest, daß sie sich „mit dem Bogen und durch Raub alles beschaffen, was sie zum Leben benötigen".[6] Mehr brauchte man nicht zu wissen. Nur die Gelehrten studierten an ihrem Namen herum und glaubten, er sei von Sarah, der Frau Abrahams, abgeleitet, während doch diese Leute von Hagar (wie es ihr anderer Name, *Agareni,* besagte) abstammten, der Magd, die mit ihrem Sohn Ismael in die Wüste gejagt worden war. Dieser Widerspruch wurde zum Problem.

Einzig die Christen im islamischen Spanien, die Mozaraber, forschten aus naheliegenden Gründen weiter. Unter der politischen Vorherrschaft der Muslime wirkte sich der ungehemmte Einfluß der arabischen Kultur auf den Glauben der Christen so verheerend aus, daß sie sich von ihren Beherrschern und von deren Ideen ein genaueres (wenn auch nicht richtigeres) Bild verschaffen mußten. Wie in den eroberten Ländern im Osten zirkulierten herabsetzende und beleidigende Geschichten in der christlichen und jüdischen Bevölkerung, vermischt mit richtigeren Eindrücken, die man im täglichen Kontakt gewonnen hatte. Und wie bei den unterworfenen Ostchristen (denken wir an Johannes von Damaskus) versuchten sich die Gelehrten in einer gründlicheren Analyse der muslimischen Weltanschauung einfach zu dem Zweck, ihrem Einfluß entgegentreten zu können. Doch der brennende Eifer eines Eulogius, eines Alvaro und ihrer Anhänger in der kurzen Zeit zwischen 850 und 859, ihre (vergeblichen) Versuche, die christlichen Führer und die christlichen Massen zu überzeugen, ihr Verlangen nach dem Martyrium schließlich, hinderten sie daran, die intellektuelle Anstrengung zu erbringen, die nötig gewesen wäre, um den Gegnerbesserkennenzulernenundbesserzuverstehen.[7]

Im 11. Jahrhundert bekam das Bild der Welt der Sarazenen aus recht augenscheinlichen Gründen kräftigere Konturen. Die Normannen, die Ungarn und ein Teil der Slawen waren bekehrt worden. Die muslimische Welt blieb somit der Hauptfeind. Die Schlachten, die man in Spanien, in Süditalien und in Sizilien gegen sie schlug, waren nicht mehr nur defensiver Natur. Das langsame und wechselvolle Vordringen der Christen führte häufiger zu politischen und sogar kulturellen Beziehungen mit den unterworfenen Völkerschaften. Es ging nicht mehr um Lokalkriege, sondern ganz Europa rüstete sich, um an der Seite der Spanier für die *Reconquista* zu kämpfen. Die Normannen drangen von England nach Italien vor. Über der extremen Zersplitterung der Staaten stand die Bewegung von Cluny, die das Papsttum schuf und seinen Aufstieg bewirkte. Der karolingischen Reichsideologie, die auf Kontinentaleuropa ausgerichtet war, folgte die im wesentlichen auf religiöse Werte gegründete päpstliche Ideologie. 1077 wurde der Kaiser in Canossa vom Papst symbolisch gedemütigt. Die von den Päpsten gepriesene Einheit der Christen mußte mit Hilfe von großartigen, unter päpstlicher Leitung gemeinsam ausgeführten Vorhaben konsolidiert werden. Und welches gemeinsame Werk konnte mehr Anreiz bieten als die *Reconquista*, ausgedehnt auf den ganzen Mittelmeerraum, auf den sich die italienischen Handelsstädte eben mit wachsendem wirtschaftlichem Erfolg auszurichten begannen?

Es waren nicht so sehr – wie man gesagt hat – die Kreuzzüge selbst, die ein Bild des Islams hervorbrachten, als vielmehr die wachsende ideologische Einheit der lateinischen

Christen, die einerseits dem Wesen des Gegners Kontur gab und andererseits deren Energien auf die Kreuzzüge konzentrierte. Das Vorbild der in immer kürzeren Abständen erfolgenden und immer besser organisierten Pilgerfahrten ins Heilige Land im Lauf des 11. Jahrhunderts – die bereits in Angriffe gegen plündernde Beduinen übergingen –, die eschatologische Bedeutung Jerusalems und des Heiligen Grabes, die die Ungläubigen mit ihrer Anwesenheit verunreinigten, der läuternde Wert der Pilgerfahrt und die Vorstellung, man müsse den gedemütigten Ostchristen zu Hilfe kommen – all das machte aus der Expedition ins Heilige Land eine heilige Pflicht, zu deren Erfüllung man die Gläubigen aufrief.

Der auf diese Weise konzentrierte und polarisierte Kampf verlangte einen Feind, der seinerseits klare, unverwechselbare Züge trug und ein mehr oder weniger einheitliches Bild darbot. Während die Sarazenen für die Pilger so etwas wie Statisten ohne Gesicht waren, Ungläubige ohne Bedeutung, zwar eine faktische Macht, in deren Bereich man sich bewegte, die man aber kaum erwähnte, während das märchenhafte und satirische Epos *Le Pèlerinage de Charlemagne à Jérusalem et à Constantinople* im 11. oder zu Beginn des 12. Jahrhunderts uns noch einen Kaiser zeigt, der durch Jerusalem zog, ohne von ihnen Notiz zu nehmen, so präsentiert uns das um die gleiche Zeit entstandene *Chanson de Roland* in einem beinahe ebenso märchenhaften Stil einen mächtigen und reichen Islam, in dessen Einflußbereich zwar verschiedene Potentaten regierten, die sich gegenseitig unterstützten und über zahlreiche heidnische Truppen verfügten – Nubier, Slawen, Armenier und Neger, Awaren und Preußen, Hunnen und Ungarn[8] –, einen Islam, der aber auch alle einte in der Verehrung Mohammeds, Tervagants und Apollos.

Roger I. leitete 1060 die Rückeroberung Siziliens ein, Alfons VI. entriß 1085 Toledo den Mauren, und Gottfried von Bouillon marschierte 1099 in Jerusalem ein. An diesen drei Fronten entstand ein enger Kontakt mit den Muslimen. Das Bild des Islams nahm Gestalt an, wurde nach und nach präziser und richtiger. Doch sollte es lange Jahrhunderte hindurch dem Einfluß der ideologischen Rivalität mit ihren üblichen Entstellungen unterliegen.

In Wahrheit machte sich das christliche Europa nicht, wie man das gewöhnlich annimmt, *ein* Bild von dieser feindlichen Welt, auf die es prallte, sondern mehrere. Man setzte sich zwar vor allem mit dem Bild der islamischen Religion auseinander, doch war es die gesamte muslimische Welt, die sich den Europäern als ein Gegenstand darbot, der Erstaunen oder gar Empörung auslöste. Summarisch gesehen bestimmten drei Aspekte ihre Haltung: Die Welt des Islams war vor allem ein feindliches politisch-ideologisches Gefüge; überdies war sie eine andere Kultur und eine fremde wirtschaftliche Zone. Diese drei Aspekte weckten die Neugier und führten – oft bei denselben Leuten – zu unterschiedlichen Reaktionen.

Man wußte, oft aus erster Hand, von den politischen Spaltungen unter den Muslimen. Man wußte aber auch, daß es jenseits dieser Spaltungen einen latenten Konsens gab, der sich jederzeit wieder manifestieren und gegen das Christentum wenden konnte und daß die Seele dieser Übereinstimmung der gemeinsame Glaube war.

Die muslimischen Staaten waren ein System gegnerischer Mächte. Man konnte von ihren Rivalitäten profitieren. Man konnte sich vorübergehend mit einem von ihnen verbünden, ihn benutzen. Man konnte manchmal auch in seine Dienste treten, wie es sogar das Epos *Mainet* von Karl dem Großen

23

erzählt, der in seiner Jugend dem Sarazenenkönig von Toledo, Galafre, treu diente und dessen Tochter Galienne heiratete, die sich dann natürlich bekehrte. Episoden solcher Art waren in Spanien und im Orient häufig. Doch die Feindseligkeit blieb latent vorhanden und konnte jederzeit wieder ausbrechen.

Wie schon mehrere Autoren bemerkt haben, fällt es auf, wie sehr die Einstellung der Christen gegenüber der muslimischen Welt als politisch-ideologischem Gefüge der Einstellung des heutigen kapitalistischen Westens gegenüber der kommunistischen Welt gleicht. Strukturell gesehen sind die Analogien offensichtlich. In beiden Fällen stehen sich zwei Systeme gegenüber, die aus getrennten und rivalisierenden Staaten bestehen, durch ihre gemeinsame Ideologie indessen geeint sind.

Die Politiker, ihre Beamten, ihre Spitzel und Spione hatten sicher eine ganz bestimmte Vorstellung von der muslimischen Welt, doch wissen wir sehr wenig darüber. Sie war zweifellos differenzierter als jene der Ideologen und der Massen. Die unmittelbaren Nachbarn der Muslime, die Herren im Heiligen Land, wußten wohl vieles über die Spaltungen zwischen den muslimischen Staaten. Nur so lassen sich die häufigen Bündnisse bestimmter fränkischer Herrscher mit muslimischen Fürsten erklären, die gegen Dritte gerichtet waren. Etwas davon dringt beispielsweise in der *Historia* des Wilhelm von Tyrus ans Licht, die auf Geheiß des Königs von Jerusalem, Amalrich, in den siebziger Jahren des 12. Jahrhunderts geschrieben wurde. Dieser Erzbischof, als Kanzler des Königreichs Jerusalem oft mit diplomatischen Missionen beauftragt, war vertraut mit dem Kampf zwischen Sunniten und Schiiten, mit den Unterschieden zwischen Arabern und Türken und legte all dies deutlich dar. Er kannte die Rivalitäten zwischen muslimischen Herrschern derselben ethnischen Herkunft. Als 1113 Maudūd, Atabeg von Mossul, in Damaskus ermordet wurde, wußte er, daß „man glaubte, Tughtakin, der König von Damaskus, habe ihn umbringen lassen oder sei zumindest damit einverstanden gewesen; denn er fürchtete diesen sehr, der schlau und mächtig war, und er hatte große Angst davor, daß er ihm sein Königreich wegnehme".[9]

Man erfuhr in diesen Kreisen von den Kräfteverhältnissen zwischen den einzelnen Mächten, von ihren Beziehungen untereinander – nicht ohne die Lage unbewußt jener in Europa gegenüberzustellen: Der Kalif (was „Erbe" bedeutet) war so etwas wie der Papst der Muslime *(apostole des Sarrazins)* und gleichzeitig ihr Fürst, ihr großer Feldherr *(chevetaine)*. Um 1200 schrieb die *Devision de la terre de oultre-mer*, Bagdad sei die Hauptstadt *(chies, chief)* des ganzen „Heidentums" wie Rom jene der ganzen Christenheit.[10] Im 13. Jahrhundert wußte Joinville aus persönlicher Erfahrung vieles über die Organisation des Mamlūken-Reichs mit seinem seltsamen Brauch, die Leitung des Staates Sklaven zu übertragen; etwas, was diesem französischen Übersetzer und Nachfolger von Wilhelm von Tyrus schon aufgefallen war.[11] Aber die wertvollen Kenntnisse der Politiker des Orients drangen kaum über deren Kreis hinaus. Die westlichen Kanzleien nutzten nur das Wissen, das für ihre Orientpolitik unabdingbar war. Im Westen existierte noch kein Publikum für eine detaillierte Darstellung der politischen Geschichte des Islams und auch kein breiteres Interesse für die politischen Streitigkeiten, die die „Ungläubigen" entzweiten.

Dagegen brachten die Kreuzzüge ein großes Bedürfnis nach einem vollständigen, zusammenfassenden, unterhaltsamen und zufriedenstellenden Bild des gegnerischen Ideensystems hervor. Doktrinen erscheinen von außen gesehen immer als das, was sie für ihre Anhänger sein wollen: als das Wesentliche. Für das breite Publikum indessen sollte dieses Bild zwar wohl den abscheulichen Charakter des Islams zeigen (der dann in groben Zügen zu erläutern war), doch sollte es auch dem literarischen Geschmack der Zeit entgegenkommen, mit seinem Sinn für das Wunderbare, der die gesamte Produktion der Epoche kennzeichnet. Das Bild mußte also die hervorstechenden exotischen Merkmale enthalten, die den Kreuzfahrern bei ihren Kontakten mit den Muslimen aufgefallen waren. Überdies schafft sich jede ideologische Bewegung ihre heilige Geschichte, mit der sie ihre Entstehung diachronisch als notwendige Rettung vor den Übeln der Zeit darstellt, mit der sie ihre Autorität auf übernatürliche oder zumindest ungewöhnliche Faktoren zurückführt und sich als zwangsläufiges Ergebnis der Menschheitsgeschichte hinstellt, mit der sie ferner ihrem Gründer außerordentliche Gaben zuschreibt und ihn dermaßen glorifiziert, daß er manchmal entwaffnet wird; und ebenso greift sich jede gegnerische Bewegung das Wesentliche des gefährlichen Charakters ihres Feindes aus dieser teuflisch gewordenen heiligen Geschichte und aus der unheilvollen Aktivität des Gründers heraus.

Deshalb konzentrierten die lateinischen Autoren, die zwischen 1100 und 1140 dieses Bedürfnis des breiten Publikums befriedigen wollten, ihre Bemühungen auf das Leben Mohammeds, ohne sich allzusehr um Genauigkeit zu kümmern; sie ließen, wie es R. W. Southern gesagt hat, „der Unwissenheit der triumphierenden Einbildungskraft" ihren freien Lauf. Mohammed war ein Magier, der die Kirche in Afrika und im Orient durch Zauberei und Betrügerei zerstört und seinen Erfolg dadurch gefestigt hatte, daß er sexuelle Promiskuität zuließ. Legenden aus der Volksüberlieferung, aus der antiken Literatur, aus den byzantinischen

Texten über den Islam und aus muslimischen Erzählungen, die von den Ostchristen gehässig entstellt worden waren, zierten dieses Bild.[12] Guibert de Nogent (gestorben zwischen 1124 und 1130) gestand ein, wie Southern berichtet, über keine geschriebenen Quellen zu verfügen, sondern einfach die *plebeia opinio* (die Volksmeinung) wiederzugeben, ohne zwischen falsch und richtig unterscheiden zu können. Und er schloß mit einer Bemerkung, die treuherzig den wahren Grund jeder ideologisch beeinflußten Kritik enthüllt: „Man darf ohne zu zögern schlecht von dem reden, dessen übler Charakter alles übertrifft, was man an Schlechtem sagen kann."[13]

Diese Optik der volkstümlichen Werke formte das von der Nachwelt festgehaltene Bild ohne Zweifel mehr als gelehrtere und sorgfältigere Arbeiten. Es sollte noch durch zahlreiche literarische Werke verschönt werden. Reine Fabelei mischte sich darunter, deren einziges Ziel es war, die Neugier des Lesers anzustacheln; ihr Ausmaß entsprach dem der ideologischen Entstellungen, mit denen der Haß gegen den Feind geschürt wurde. Die *chansons de geste* führten auf den Höhepunkt dieser fabulierenden Erzählungen. Die Muslime hingen, so hieß es, einem Götzenkult an (und die Muslime selbst bezichtigten die Christen des „Assoziationismus", der Vielgötterei *(širk)*). Ihr Hauptgötze sei Mohammed, den die Minnesänger bis auf einige Ausnahmen für den Hauptgott der Sarazenen hielten. Seine Statuen seien rießengroß und aus kostbarem Material. Man schrieb ihm eine unterschiedliche Zahl von Anhängern zu – ein deutscher Autor des 13. Jahrhunderts, Der Stricker, gab sie gar mit siebenhundert an.[14] Manchmal stellte man, zweifellos in Anlehnung an das Christentum, eine Trinität an die Spitze dieser Anhänger; sie bestand aus Tervagant, Apollo und Mohammed, die in *Synagogen* verehrt wurden (was den

Islam dem ebenfalls mißbilligten Glauben der Juden annäherte) oder in *mahomeries*.[15]

Eine objektive Haltung existierte erst in einem ganz anderen Bereich, der mit der muslimischen Religion nur sehr indirekt etwas zu tun hatte. Es handelte sich um die Wissenschaften im weitesten Sinne des Wortes. Seit Beginn des 10. Jahrhunderts strebte ein kleiner Kreis von Gelehrten danach, das theoretische Wissen über die Welt und den Menschen zu mehren, das in einigen wenigen lateinischen Büchern aus dem Untergang der antiken Zivilisation gerettet worden war. Man hatte in diesem Kreis erfahren, daß die Muslime von den bedeutenden Werken der Antike arabische Übersetzungen besaßen und daß ihnen für die als fundamental geltenden Wissenschaften komplette Handbücher zur Verfügung standen. Und so begann man, den Wissenschaften und den Anwendungsmöglichkeiten nachzuspüren, die den Besitzern dieser Werke zu Gebote standen. Es wurde beispielsweise oft auf die Studien hingewiesen, die Gerbert d'Aurillac (geboren um 938, unter dem Namen Silvester II. von 999 bis zu seinem Tod im Jahr 1003 Papst) in Katalonien unternommen hatte. Er hatte viele technische und wissenschaftliche Erkenntnisse gesammelt und war bestrebt gewesen, sie weiterzugeben. Nach und nach entstanden lateinische Übersetzungen der arabischen Werke, und das von der muslimischen Welt erworbene Wissen begann sich zu verbreiten: in England, in Lothringen, in Salerno und vor allem in Spanien, wo die Kontakte leichter vor sich gingen. Nachdem 1085 die große Stadt Toledo, eines der intellektuellen Zentren, zurückerobert worden war, erlebte die Übersetzungstätigkeit in Spanien einen Aufschwung und wurde besser organisiert.[16] Sicher suchte man in den arabischen Manuskripten nicht ein Bild des Islams oder der muslimischen Welt, sondern sachliches Wissen über die Natur. Dabei erfuhr man zwangsläufig einiges über die muslimischen Übermittler dieses Wissens. Man stand auch in engem Kontakt mit den Übersetzern, die manchmal Muslime waren, meistens aber Konvertierte, Mozaraber oder Juden, die über eine weitreichende, direkt erworbene Kenntnis der muslimischen Welt verfügten.[17]

Es war nicht zu vermeiden, daß durch diesen Kanal genauere Informationen über die muslimische Welt nach Europa gelangten. Damit ist sicher auch erklärt, weshalb es aus der ersten Hälfte des 12. Jahrhunderts einige Beobachtungen gibt, die sich durch ihre objektive Genauigkeit von der fabulierfreudigen Unterhaltungsliteratur abheben. Ein Beispiel hierfür ist Pedro de Alfonso, spanischer Jude, 1106 in Huesca getauft, 1110 gestorben; er war Arzt König Heinrichs I. von England, Übersetzer von Werken über Astronomie, aber auch Autor des ersten Werks, das einigermaßen objektive Angaben über Mohammed und den Islam enthielt.

Dort wo sich geistiges Interesse am wissenschaftlichen Erbe der muslimischen Welt und Neugier des breiten Publikums miteinander verbanden, steht die außergewöhnliche Leistung des Petrus Venerabilis, Abt von Cluny (geboren um 1094, gestorben 1156), der eine sachliche, wissenschaftliche Kenntnis der muslimischen Religion erwarb und weitergab. Für diese erstaunliche Initiative finden sich mehrere Gründe: Wenn der Abt die Häuser seines Ordens in Spanien besuchte, gelangte er, zumindest auf indirekte Weise, mit muslimischen Fragen und mit der Tätigkeit der Übersetzer in Kontakt. Er setzte sich im Kampf gegen die jüdische und die islamische „Irrlehre" ein, wobei er sich um fundierte und ernsthafte Argumente bemühte und gleichzeitig den „Irregeleiteten" gegenüber Nachsicht walten ließ – was, wie sich bei vielen anderen Gelegenheiten zeigte, in seinem Wesen lag. Auch sah er sehr klar, welchen Gefahren die Kirche ausgesetzt war, die einem Zeitalter geistiger Turbulenz, drohender Schismen und allgemeiner Infragestellung entgegenging. Aus persönlicher Überzeugung und als Vorsteher eines Ordens, der sich diesem Ziel verschrieben hatte, wollte er die Kirche gegen diese Gefahren wappnen. Auf Grund seines Wesens und vielleicht auch infolge der – allerdings in Grenzen – neuen Einstellung wünschte er sie nur mit untadeligen Waffen zu rüsten, ohne die Nächstenliebe zu verraten, die jeder gute Christ jedem aufrichtigen Menschen schuldig ist. Es ist auch möglich, daß er, ohne es zu merken, von einer uneigennützigen Neugier getrieben war, deren er sich schämte und die er sich selbst nicht eingestand.

Er dachte sich, daß seine Initiative auf wenig Verständnis stoßen würde, und die Reaktionen, die sie dann hervorrief, insbesondere auch bei seinem Freund und gelegentlichen Gegenspieler Bernard de Clairvaux, bestätigte ihn in dieser Meinung. Wie alle theoretisierenden Intellektuellen, die den Auseinandersetzungen ihrer Zeit dem Anschein nach oder tatsächlich fernstehen oder sie zumindest mit einem gewissen Abstand betrachten, rechtfertigte er sich dafür mit Argumenten, die den reinen „Militanten" gegenüber schon immer verwendet worden sind: „Wenn diese Arbeit als überflüssig erscheint, weil der Feind mit derartigen Waffen nicht geschlagen werden kann, so halte ich dem entgegen, daß im Reich eines großen Königs gewisse Dinge zum Schutz gemacht werden, andere zur Zierde und wiederum andere für beides. Salomon der Friedfertige hat zum Schutz Waffen schmieden lassen, die zu seiner Zeit nicht notwendig waren. David hat am Tempel Verzierungen anbringen lassen, obschon sie zu seiner Zeit keinerlei Nutzen brachten ... Diese Arbeit, so scheint mir, kann auch nicht als unnütz bezeichnet werden. Wenn die irregeleiteten Muslime durch sie nicht bekehrt werden können, so dürfen es wenigstens die der Gerechtigkeit verpflichteten Gelehrten nicht unterlassen, die Schwachen in der Kirche rechtzeitig zu rüsten, denn sie lassen sich aus geringem Anlaß so leicht empören und unbewußt erregen."[18]

In Spanien finanzierte also Petrus Venerabilis eine Gruppe von Übersetzern, die zusammen arbeiteten. Der Engländer Robert of Ketton beendete 1143 seine Übersetzung des Korans. Die erwähnte Übersetzergruppe übertrug eine Reihe von arabischen Texten und kompilierte andere. Man bezeichnet sie als Corpus Cluniacum, und sie schließen eine Zusammenfassung ein, die von Petrus Venerabilis selbst geschrieben wurde. Das Corpus Cluniacum erfuhr eine recht weite Verbreitung. Aber man nutzte es nicht in dem Maße, in dem dies möglich gewesen wäre. Man bediente sich hauptsächlich jener Passagen, die sich am direktesten und raschesten für polemische Zwecke verwenden ließen, und zitierte sie ohne jeden Zusammenhang. Das Material dieser Sammlung wurde nicht zum Ausgangspunkt für eine ernsthafte und vertiefte Studie über den Islam. Eine solche Studie, die für die laufenden Auseinandersetzungen wertlos zu sein schien, interessierte niemanden. Dies um so mehr als die religiöse Polemik sich gegen fiktive Muslime richtete, die auf dem Papier leicht vernichtet werden konnten. In der Tat hatte man sich offenbar eher zum Ziel gesetzt, den Christen gute Gründe für die Stärkung ihres eigenen Glaubens zu liefern. Andererseits förderte das geistige Klima im lateinischen Westen das Interesse an religiösen Ideologien an sich, wie es im muslimischen Osten vorhanden war, wenig.[19]

In einem Bereich, in dem ebenfalls mehrere Interessen zusammentrafen, entdeckten die Lateiner noch ein anderes Bild des Islams, das in scharfem Gegensatz zu dem stand, das sie sich in bezug auf die Religion zurechtgelegt hatten. Es handelte sich um die Philosophie. Sie erschien zunächst als simples Anhängsel der Naturwissenschaften. Die anerkannten Handbücher der Naturwissenschaften mußten ergänzt werden durch Werke der wissenschaftlichen Methodologie, wie wir sagen würden, der Logik, der Theorie von Mensch und Kosmos. Dieselben enzyklopädischen Autoren hatten sich mit diesen Themen befaßt: Aristoteles und, sehr viel später, an allererster Stelle der arabischsprachige Philosoph Avicenna (Ibn Sīnā, gestorben im Jahr 1037). Im lateinischen Westen wollte man das Werk von Aristoteles besser kennenlernen. Im 12. Jahrhundert war dort von den Texten des griechischen Meisters einzig die kurze Abhandlung *Categoriae* und sein *De interpretatione* bekannt, und zwar in den alten lateinischen Übersetzungen von Boëthius. Zum Rest der Aristotelischen Enzyklopädie fand eine Handvoll von Lesern dank neuen Übersetzungen aus dem Griechischen erst nach und nach Zugang. Gerhard von Cremona (geboren um 1114, gestorben 1187) ging nach Toledo, um sich arabische Versionen des Meisters zu beschaffen und sie ins Lateinische zu übersetzen; er vergrößerte auf diese Weise den Schatz der westlichen Philosophie.[20] Um dieselbe Zeit begann man mit der Übersetzung des *Kitāb aš-šifāʾ*, der großen philosophischen Enzyklopädie des Avicenna. Gegen 1180 war ein erster Teil der philosophischen Werke Avicennas übersetzt und wurde in Europa in Umlauf gebracht.[21] Ihr Einfluß war enorm. Übersetzungen anderer Philosophen folgten rasch nach.

Das Werk Avicennas lieferte dem lateinischsprachigen Westen ein Modell für eine originelle Synthese: Diese schien – indem sie sie miteinander verschmolz – die rivalisierenden Strömungen hinter sich zu lassen, die am Ende des 12. Jahrhunderts von den christlichen Philosophen propagiert wurden und die sich von Augustinus, Pseudo-Dionysius Areopagita und von Aristoteles herleiteten. Die von ihr gebotene totale Erklärung der Welt und des Menschen fügte der Aristotelischen Synthese – einem durchaus wissenschaftlichen Weltbild – die Dimension der Suche nach dem Heil und der Bestätigung einer schöpferischen Gottheit hinzu, die beide für das christliche Denken unabdingbar waren. Darüber hinaus regte sie durch ihr Beispiel dazu an, die Beziehungen zwischen Gott, der Welt und dem Menschen auf originelle Weise neu zu überdenken, indem sie auf der Ebene der Kenntnisse und ihrer Theorie die Aristotelische Verfahrensweise integrierte. Über ihren Erfolg braucht man sich nicht zu wundern. Roger Bacon (um 1214 bis 1292) skizzierte knapp die Geschichte der Philosophie und hielt dann fest: „Deinde renovata est [philosophia] principaliter per Aristotelem in lingua graeca, deinde principaliter per Avicennam in lingua arabica." („Daraufhin wurde die Philosophie vor allem von Aristoteles in griechischer, dann zur Hauptsache von Avicenna in arabischer Sprache erneuert.")[22]

Das Bild der muslimischen Welt als Wiege bedeutender Philosophen, das sich auf diese Weise bei den westlichen Gelehrten herauskristallisierte, widersprach diametral ihrer Vorstellung von dem politischen Gebilde, das von einer feindlichen und irrigen Ideologie beherrscht wurde; und diese Vorstellung stimmte mit jener des breiten Publikums überein, die auf lächerlichen und feindseligen Legenden beruhte. Es war nun schwierig, diese beiden Bilder miteinander zu versöhnen. Die Philosophen-Theologen konnten Bemerkungen Avicennas über die muslimische Zivilisation dem Christentum anpassen; so fügte Roger Bacon zur Verherrlichung des Papsttums noch das hinzu, was Avicenna vom Imâm sagte.[23] Unter gewissen Aspekten erschienen die Sarazenen als eine philosophische Nation. Manchmal, wie schon bei Abaelard (gestorben 1142 und, dies ist bemerkenswert, Freund von Petrus Venerabilis), schien „Philosoph" praktisch „Muslim" zu bedeuten,[24] und ein Jahrhundert später richtete sich die *Summa contra gentiles* von Thomas von Aquin eigentlich an die Sarazenen, diese Abhandlung, welche die christlichen Thesen einzig im Licht der Vernunft beweisen wollte, „quia quidam eorum [gentilium], ut machomestitae et pagani non conveniunt nobiscum in auctoritate alicujus scripturae" („denn einige unter den Nichtchristen, wie die Muslime und die Heiden, gehen mit uns nicht einig in bezug auf die Autorität irgendeiner schriftlichen Überlieferung").[25] Wir wissen, daß das Werk um 1261 bis 1264 geschrieben wurde, auf Veranlassung des Heiligen Raimund von Peñaforte, „zelator fidei propagandae inter Saracenos" („eifriger Verfechter der Verbreitung des Glaubens unter den Sarazenen"),[26] der es für seine missionarische Arbeit in Spanien brauchte.

Man entzog sich diesem Dilemma, indem man annahm, die Philosophen stünden auf die eine oder andere Weise in Widerspruch zur offiziellen Religion ihres Landes – eine Meinung, die zu summarisch und zu allgemein war, die sich aber doch auf einige zutreffende Informationen stützen konnte. Die Philosophen mochten gewisse Dogmen oder Vorschriften gelten lassen, da sie für ein unwissendes und rauhes Volk von Nutzen sein konnten. Man ging weiter und verlieh dem Konflikt zwischen Glauben und Vernunft im Islam Resonanz, indem man ihn übertrieb. Man behauptete, die Philosophen machten sich im geheimen lustig über den Koran und würden von den Behörden verfolgt.[27]

Dieses objektivere und nuanciertere Wissen über die politische und ideologische Welt des Orients, mit dem sich der christliche Westen konfrontiert sah, ging nicht nur (und vielleicht gar nicht) auf eine Zunahme der verfügbaren Fakten zurück, sondern war sicher auch Ausdruck der sich wandelnden westlichen Mentalität. Die westlichen Schüler Avicennas – und in der Folge noch mehr jene des Averroes (des arabischen Philosophen aus Spanien, Ibn Rušd, gestorben 1198) – hatten Schwierigkeiten mit den konservativen Theologen, selbst wenn sie den von außen erhaltenen *stimulus* in Synthesen eines Typs integrierten, den E. Gilson den „avicennischen Augustinismus" genannt hat. Und dies natürlich noch mehr, wenn manche so weit gingen, einen „lateinischen Avicennismus" (R. de Vaux) zu begründen und noch andere einen Averroismus. Das mußte sie dann dazu führen, in der muslimischen Welt mehr oder weniger analoge Spaltungen zu entdecken. In der westlichen Welt verursachten viele innere Faktoren eine Nuancierung der hergebrachten Vorstellungen und Haltungen gegenüber der muslimischen Welt. Aber es ist nicht unsere Aufgabe, sie zu analysieren.

Diese fremde Welt interessierte nicht nur aus politischen und militärischen oder aus ideologischen oder wissenschaftlichen Gründen. Sie erweckte auch die Neugier von Geistern, die begierig waren, merkwürdige, mit Exotik gewürzte Erzählungen zu hören. So verlangte auch in diesem Bereich die Zunahme der Kontakte nach der spanischen *Reconquista,* der Rückeroberung des muslimischen Sizilien und der Etablierung lateinischer Staaten im Orient nach vielfältigeren und genaueren Informationen. Doch damit verschwanden weder die naiven Urteile über den Islam als Religion noch die fabulierenden Erzählungen der weitverbreiteten Unterhaltungsliteratur. Man erfuhr dennoch viele, zu einem guten Teil richtige Dinge über die Geographie der muslimischen Welt, über ihr Klima, ihre Städte, ihre Regierungsformen, über Pflanzen und Tiere, über landwirtschaftliche und handwerkliche Produkte. Man kannte auch viele Gebräuche der Sarazenen und Beduinen, später auch der

Tataren, das heißt der Mongolen. Die Sarazenen pflegten einen Bart zu tragen, dem sie große Bedeutung beimaßen, sie leisteten ihre Schwüre beim Bart und waren untröstlich, wenn er ihnen abhanden kam. Sie trugen einen Turban, der sie im Kampf gegen Säbelhiebe schützte. Als Zeichen der Ehrerbietung kreuzten sie die Hände auf der Brust. Sie setzten sich zum Essen auf Matten, gaben ihren bedeutenden Toten Juwelen und prächtige Gegenstände mit ins Grab sowie ein Bild des Propheten Mohammed. Die Gesetze der Gastfreundschaft waren ihnen heilig, und man war in Sicherheit bei ihnen, wenn man mit ihnen Brot und Salz gegessen hatte. Sie achteten die Alten. Sie liebten schreiende Farben. Man bewunderte ihren Reichtum an Gold, Silber, Edelsteinen, schönen Stoffen und die Paläste ihrer Herrscher, die mit Gold, Silber und Marmor geschmückt waren und in denen Brunnen Erfrischung brachten. Bunte Vögel aus dem ganzen Orient tummelten sich dort, und in Menagerien konnte man allerlei Tiere bewundern.[28] Untertan waren den Sarazenen die nomadisierenden Beduinen, die sich dem Handel und der Viehzucht widmeten. Sie hatten keine festen Wohnstätten, waren schlechte Soldaten, die dem Kampf auswichen und abwarteten, welcher der beiden Gegner verlieren würde, um dann sein Lager zu plündern.[29]

Dieselben Motive führten auf historischem Gebiet zu ersten ernsthaften Bemühungen. Im 12. Jahrhundert nahm Gottfried von Viterbo, Sekretär des deutschen Kaisers, einen sehr gut dokumentierten Überblick über das Leben Mohammeds in seine Universalgeschichte auf.[30] Zu Beginn des folgenden Jahrhunderts schrieb der Erzbischof von Toledo, Kardinal Rodrigo Ximenez, die erste westliche Geschichte der Araber; sie beginnt mit Mohammed und den ersten Kalifen, konzentriert sich aber hauptsächlich auf die Aktivität der Araber in Spanien.[31]

Man vergißt oft, daß es noch einen anderen Anreiz gab, sich Kenntnisse über die muslimische Welt anzueignen: es war die Suche nach dem kommerziellen Profit. Denn die muslimische Welt war ja auch ein Markt und mithin für eine große Zahl von europäischen Kaufleuten von wesentlicher Bedeutung.

Die Abendländer handelten mit dem muslimischen Orient zunächst über fremde oder halb fremde Mittelsmänner: Griechen und Syrer oder Juden. Doch vom 8. Jahrhundert an wurde dieser Handel teilweise von italienischen Städten übernommen, die unter byzantinischer Herrschaft standen – Venedig, Neapel, Gaeta, Amalfi – und nach und nach Selbständigkeit erlangten. Auch die Skandinavier begannen als Mittler eine wichtige Rolle zu spielen, und ihre Bekehrung machte sie zu Mitgliedern des christlichen Europa. Die übrigen Völker dieser christlichen Welt integrierten sich ebenfalls in den Kreis. Dies erforderte ein Minimum an gemeinsamen Einrichtungen, welche die beiden Welten einander näher brachten: im Westen waren sarazenische Münzen oder Kopien davon im Umlauf, und man benützte ähnliche Handelsverträge.[32] Die ersten Sarazenen, mit denen die westlichen Kaufleute Bekanntschaft gemacht und die sie gefürchtet hatten, waren die Piraten gewesen. Doch waren vor allem die Italiener bald stark genug, um ihnen auszuweichen oder ihnen die Stirn zu bieten, bevor sie selbst zum Angreifer wurden. Sie setzten nämlich sehr rasch den Fuß auf sarazenischen Boden. Manchmal, so die Venezianer 828, um sich zweifelhaften Unternehmungen wie dem Raub der Reliquien des Heiligen Markus aus Alexandrien zu widmen. Aber sehr viel öfter traten sie, versehen mit Geleitpapieren (amān), mit den Muslimen oder Ostchristen, die ihre Handelspartner waren, direkt in Kontakt. Auf diese Weise kamen sie zunächst mit den Zöllnern, den Beamten niederen

Ranges, in Berührung, dann mit den Vertretern von zunehmend wichtigeren Behörden, als nämlich das Volumen des Austauschs wuchs und die westliche Macht sich festigte. Sehr früh machte der Handel Beziehungen auf Regierungsebene erforderlich. So wurde etwa das Bündnis zwischen den Städten Kampaniens, vor allem Amalfi, und den Sarazenen im 9. Jahrhundert logischerweise auf dieser Ebene geschlossen – trotz der Drohungen und der Angebote des Papstes, trotz der Klagen Kaiser Ludwigs II., für den Neapel ein zweites Palermo oder ein zweites Mahdīya geworden war.[33] Beziehungen gleicher Art benötigten die Bewohner von Amalfi wohl zu Beginn des 11. Jahrhunderts in Palästina, um in Jerusalem die Kirche Santa Maria de Latina wiederaufbauen zu können, die der fatimidische Kalif Hākim zerstört hatte, oder um dort jedes Jahr am 14. September einen Markt abhalten zu dürfen, wo jeder seine Waren gegen die Bezahlung von zwei Goldstücken feilhalten konnte.[34] Leute aus Amalfi mußten bereits vor dem ersten Kreuzzug ein Viertel in Antiochia bewohnt haben. Nach den Kreuzzügen wurden diese begrenzten Beziehungen selbstverständlich intensiver und bedeutender. Es ist bekannt, wie stark sich die italienischen Handelsniederlassungen vermehrten und eine immer wichtigere Rolle spielten.

Die muslimische Welt erschien diesen Kaufleuten aus einer unterentwickelten Region als eine Quelle von Luxusprodukten, von denen manche aus fernen Ländern stammten: Papyrus, Elfenbein, kostbare Gewebe, Gewürze, manchmal auch schon Produkte, die in großen Mengen verbraucht wurden, wie das Olivenöl. Sie war auch ein Markt für „Rohstoffe" oder europäische unbearbeitete Produkte wie Holz, Eisen und andere Metalle, für Pech, Sklaven, Pelze. Allmählich verkehrten sich die Beziehungen ins Gegenteil, indem Europa Fertigprodukte wie skandinavische Degenklingen und vor allem Stoffe in wachsenden Mengen exportierte.[35]

Natürlich konnten die europäischen Kaufleute, wie immer sie zu ihrem christlichen Glauben standen, die oberflächlichen Vorstellungen nicht teilen, die man sich in Europa außerhalb ihrer Kreise von der muslimischen Welt machte. Wir besitzen sporadische, aber bezeichnende Zeugnisse von freundschaftlichen Beziehungen zwischen christlichen und muslimischen Händlern.[36] Einer der besten Kenner dieser Fragen, Roberto Lopez, hat den Eindruck, daß „sich die beiden Gemeinschaften nicht liebten, aber auch nicht verachteten, wie die alten Griechen oder Römer die Barbaren oder die siegreichen Christen die Heiden verachtet hatten". Die „stille Komplizenschaft" zwischen den Kaufleuten führte zu einer gegenseitigen Wertschätzung.[37]

Diese Wertschätzung konnte sich auch in einem ganz anderen Zusammenhang ausbilden: inmitten der Kämpfe zwischen Kreuzfahrern und Sarazenen im Orient. Trotz allen Hasses wußte man gelegentlich beim Feind jene Werte zu erkennen, die das Rittertum zu achten gelehrt hatte. Ein anonymer italienischer Kreuzfahrer, der im Laufe des ersten Kreuzzugs seine Eindrücke unmittelbar zu Papier brachte, bewunderte den Mut, die Scharfsicht und das kriegerische Talent der Türken in der Schlacht von Doryläum, an der er 1097 teilnahm. Nach dieser Quelle teilten die Türken diese Wertschätzung, „sie sagen, sie seien von derselben Rasse wie die Franken, und niemand außer den Franken und ihnen selbst habe das Recht, sich Ritter zu nennen". Er war sich der Kühnheit, solche Sätze zu schreiben, durchaus bewußt, (*veritatem dicam quam nemo audebit prohibere*, „ich werde die Wahrheit sagen, und niemand wird es wagen, sie beiseite zu schieben"), und so erläuterte er, man würde, hätten sie nur „fest den Glauben an Christus bewahrt",[38] „niemanden

finden, der ihnen an Kraft, Mut und Kriegskunst gleichkä-
me".[39] Ein Jahrhundert später rief der große Gegner Saladin
(der Sultan Salāh ad-Dīn, 1138–1193) bei den Abendländern eine überschwengliche Bewunderung hervor. Er hatte
den Krieg menschlich und ritterlich geführt, was ihm übrigens von den Kreuzfahrern, insbesondere von Richard Lö-
wenherz, wenig angerechnet wurde. Bei der Belagerung von
Akkon (1189–1191) verbrüderten sich die Gegner in den
Kampfpausen, tanzten, sangen und musizierten miteinander, ganz zu schweigen von den freizügigen Frauen aus Europa, die gekommen waren, die Kreuzfahrer zu trösten,
und in deren Gunst sich auch manche Muslime teilten.[40]
Diese Atmosphäre bereitete den Boden vor für jene Erzählungen, die zum Ruhme des Ayyūbiden-Sultans im Über-
fluß entstehen sollten, nachdem dieser eine Zeitlang in einem eher ungünstigen Licht erschienen war (auf Grund von
Erzählungen, die ohne Zweifel aus dem christlichen Milieu
der Levante stammten und die von einer guten Kenntnis der
in dieser Region herrschenden Bedingungen zeugten). Das
ging so weit, daß man im 14. Jahrhundert in Flandern ein
langes Gedicht über ihn verfaßte, in dem alle Episoden der
früheren Legenden um ihn aufgegriffen wurden.

Man erzählte etwa, wie er, als Esel verkleidet (!), Kairo
einnahm, und man schilderte sein ritterliches Verhalten bei
vielen Gelegenheiten. Oder wie er auf seiner Reise nach
Frankreich in Rom Halt machte und über die Beichten, welche die ihn begleitenden französischen Ritter vor dem Papst
ablegten, nicht sehr erbaut war; in Paris bemerkte er, am
Hof gebe man zwar in Erinnerung an die Apostel zwölf Armen zu essen, doch achte man darauf, ihnen nur Reste vor-
zusetzen.[41] Die Königin von Frankreich, die Gattin von Philippe Auguste, verliebte sich in ihn, und ihre amourösen
Beziehungen wickelten sich unter dem Deckmantel von

theologischen Diskussionen ab. Ein solch vollkommener Ritter mußte natürlich der Christenheit angehören, und so gab man ihm eine Gräfin von Ponthieu zur Mutter, die vor der ägyptischen Küste Schiffbruch erlitten hatte; auch hieß es, er habe sich auf seinem Totenbett bekehren lassen.[42] Ferner sollte er Aliénor d'Aquitaine verführt haben, die rund zwanzig Jahre vor seiner Herrschaft nach Palästina gekommen war![43] Und man gab seinen Namen vielen Kindern, deren Nachkommen in großer Zahl in unseren Telephonbüchern zu finden sind.

Auch von großen Muslimen wie Zangī und Qiliǧ Arslān nahm man an, sie seien christlicher Herkunft, und später schrieb man Thomas Becket (gestorben 1170) eine sarazenische Mutter zu.[44] Man hatte in der Tat auch Eheschließungen zwischen europäischen und muslimischen Herrschern erwogen.[45]

2. Ein weniger polemisches Bild entsteht und vergeht

Die Zunahme genauer Kenntnisse über den Islam und seine Ursprünge sowie über die muslimischen Völker, die vervielfachten praktischen Kontakte in Politik und Handel, die gegenseitige Achtung, die in manchen Fällen daraus entstand, die hohe Wertschätzung der wissenschaftlichen oder philosophischen Lehren, die dem Boden des Islams entsprungen waren – all das, zusammen mit der langsamen inneren Entwicklung der westlichen Mentalität, führte dazu, daß sich der Blickwinkel, unter dem man diese fremde Welt sah, allmählich änderte.

Doch der wesentliche Faktor in dieser Entwicklung war die Umwandlung der lateinischen Welt. Das Christentum war eine siegreiche ideologische Bewegung gewesen,[1] die in ihrem Triumph die Struktur des römischen Staates benutzte, um sich eine doppelte Stoßrichtung zu geben: eine ideologische und eine politische. Die Ideologie überdauerte (im lateinischen Teil der Christenheit), die Politik, von Karl dem Großen für eine Weile erneuert, brach zusammen. Die Bewegung für die päpstliche Vormachtstellung, die mit der an der Synode von Clermont beschlossenen Expedition ins Heilige Land verknüpft war, hatte zwar mit einem gemeinsamen Projekt – wenn auch ohne spezifisch politischen und unabhängigen Schwerpunkt – eine gewisse Einheit wiederhergestellt; aber die zentrifugalen politischen Faktoren gewannen ihre Kraft rasch wieder, auch im Bereich der Expeditionen in den Orient, die den Stempel der ideologischen Einheit trugen. Die Monarchien entfalteten sich und verliehen den nationalen Gefühlen, die sich zusehends deutlicher manifestierten, einen Rahmen. Die inneren Unstimmigkeiten gewannen nach und nach an Boden, auf Kosten der ideologischen Einheit, die sich ganz allmählich auf den Bereich des rein Geistigen beschränkte. Wenn eine ideologische Bewegung, die ursprünglich auf der Ebene der politischen Zielsetzung geeint war, von inneren Spannungen zerrissen wird (wir sehen das heute sehr deutlich in Osteuropa und vor allem in China), dann geschieht es mit der Zeit, daß der Konflikt mit dem ideologischen Gegner vielen weniger wichtig erscheint als die Konflikte zwischen Anhängern desselben Glaubens; vor allem auch dann, wenn ein zunächst sekundäres ideologisches Element – in beiden Fällen das pränationale oder nationale Bewußtsein – diese Konflikte noch verschärft.

Von der brutalen polemischen Sehweise, von der manichäischen „Verteufelung" des politisch-ideologischen Feindes ging man sachte zu differenzierteren Auffassungen über – zumindest in gewissen Kreisen, denn das Bild, das den

Leuten im Hochmittelalter eingepflanzt und von der Unterhaltungsliteratur verbreitet worden war, beeinflußte die Masse der einfachen Geister nach wie vor. Man war sicher noch nicht bei dem Gedanken der Relativität der Ideologien angelangt, außer in einigen wenigen Fällen wie dem Kaiser Friedrichs II. von Hohenstaufen (1194–1250), eines islamophilen Arabisten, der mit Muslimen auf Arabisch über Philosophie und Logik, über Medizin und Mathematik diskutierte, der sich von der muslimischen Lebensweise beeinflussen ließ und in Lucera in Italien zu seiner Annehmlichkeit eine sarazenische Kolonie mit einer Moschee und mit allen Bequemlichkeiten des orientalischen Lebensstils schuf.[2] Man kennt die Geschichte vom erstaunlichen „Kreuzzug" des mit dem päpstlichen Bann belegten Kaisers, seine Verhandlungen mit dem Sultan al-Kāmil, seine Freundschaft mit dem Emir Faḫr-ad-Dīn, den Pakt von 1229, durch den der Sultan dem Fränkischen Reich verschiedene Gebiete zurückgab, vor allem aber die heiligen Städte Jerusalem, Bethlehem und Nazareth, wobei die Qubbat aṣ-Ṣaḫra,[3] die sehr wichtige, am Ort des alten Tempels von Salomon und Herodes errichtete Moschee, in muslimischer Hand blieb.

Als Papst Gregor IX. Friedrich II. 1239 exkommunizierte, hielt er ihm unter anderen Missetaten und neben der Islamfreundlichkeit auch vor, er habe gesagt, die Welt sei von drei Betrügern hinters Licht geführt worden: von Moses, Jesus und Mohammed. Die Anklage mochte nicht zutreffen, wie es der Kaiser behauptete, aber sie beweist wenigstens, daß dieses offenbar in der muslimischen Welt beheimatete Thema zu jener Zeit im christlichen Europa gängig war. Übrigens habe man kurze Zeit vor Friedrich II. einen Stiftsherrn von Tournai derselben Blasphemie bezichtigt.[4]

Wenn den Christen bei verschiedenen Gelegenheiten Muslime wegen ihrer vorbildlichen Religionsausübung oder wegen ihrer sonstigen Tugenden als Beispiel genannt wurden,[5] so mochte das eine List der Moralisten sein oder eine Stichelei, die sich in die wohlbekannte antiklerikale Strömung des Mittelalters einreihte; es verstärkte aber auf jeden Fall die Tendenz, in den Muslimen Menschen wie andere zu sehen, die Gott auf ihre, wenn auch irrige Weise verehrten.

Zur Zeit Friedrichs II. fand diese Einstellung im Werk des bayerischen Minnesängers Wolfram von Eschenbach (1170–1220?) ihren Ausdruck. Für seinen *Willehalm* benützte er als Quelle ein französisches *chanson de geste* über die Einnahme von Orange. Aber der Kampf zwischen Sarazenen und Franken, die gleichermaßen ritterliche Tugenden aufweisen, ist gekennzeichnet von dem Bemühen um gegenseitiges Verständnis, und die schöne Muselmanin Arabele, die sich bekehren ließ und auf den Namen Gyburg getauft wurde, ruft zur Toleranz auf. Der Dichter kommentiert: „Ist es nicht eine Sünde, Menschen, die nie vom Christentum gehört haben, wie Tiere abzuschlachten? Ich würde sogar sagen, es ist eine große Sünde, denn alle Menschen, welche die zweiundsiebzig Sprachen sprechen, sind Gottes Geschöpfe." Der *Parzival* von Wolfram verändert ebenfalls die Atmosphäre seines Vorbilds Chrétien de Troyes. Hier sehen wir den Vater von Parzival, Gahmuret, nach dem Orient aufbrechen, aber keineswegs im Rahmen der Kreuzzüge. Er tritt im Gegenteil in die Dienste des „Baruc" (*mubārak,* „Gesegneter"?) von Bagdad (Baldag) ein, der, wie Wolfram wußte, der geistliche Führer, der Papst der Muslime war. „Er empfing sein Leben in Anjou, er verlor es vor Bagdad für den Baruc."[6] Gahmuret wird in der Hauptstadt des Islams auf Kosten des Baruc in einem prächtigen Grab beigesetzt, an dem die Sarazenen ihn verehren und beweinen. Der ritterliche Sarazene Feirefitz ist, infolge der amourösen Erfolge Gahmurets, der Halbbruder von Parzival.

Man hat sich in – manchmal sehr gewagten – Spekulationen über die orientalischen Quellen von Wolfram verloren. Was es damit auch für eine Bewandtnis habe, wir stellen fest, daß unser Autor die arabischen Namen der Planeten[7] recht korrekt wiedergibt und daß er sagt, seine Hauptquelle sei ein muslimisches Manuskript, das in Toledo vom rätselhaften Kyot[8] entdeckt worden sei und auf den Magier und Astrologen Flegetanis (*al-falak aṯ-ṯānī*, „die zweite Himmelskugel"?) zurückgehe, der halb jüdischer, halb muslimischer Herkunft war. Es ist interessant festzustellen, daß die vielleicht krönende Fassung der mittelalterlichen Gralslegende mit ihren bekannten keltischen Quellen, einer der Höhepunkte des literarischen Ausdrucks christlichen Geistes im Mittelalter, ein Epos voller muslimischer Elemente ist, voller gnostischer und manichäischer Tendenzen, die aus der orientalischen Welt stammen. Wolfram, der offenbar ein guter Christ war, predigt dennoch, man solle davon ablassen, die Heiden (Muslime) zu hassen, die nur deshalb so sind, weil sie nicht die Gelegenheit hatten, Christi Botschaft zu empfangen.[9]

Der Lauf dieser Entwicklung wurde einerseits durch die mongolische Bedrohung und die Entdeckung der heidnischen Welt außerhalb der Grenzen des Islams akzentuiert, andererseits durch die Entfesselung der ideologischen Zwiste in der christlichen Welt; diese griffen nun selbst auf das Spirituelle, auf die universalistische Doktrin über und waren nicht mehr nur Konflikte zwischen politischen Einheiten, deren Ideologisierung im Sinne einer Übersteigerung ethnischer – pränationaler oder nationaler – Werte noch nicht sehr weit fortgeschritten war.

Der mongolische Einfall im 13. Jahrhundert wurde zum Teil entsprechend den manichäischen Mustern der früheren polemischen Sehweise aufgenommen. Viele sahen darin nur einen mächtigen Angriff gegen die muslimische Welt, der diese unverhofft im Rücken traf und die Hoffnung wachrief, man werde nun mit den Muslimen endgültig fertig werden. Die Angaben über die Stärke des Nestorianismus in Zentralasien, über die Sympathien, die manche Mongolenführer dem Christentum entgegenbrachten, und über die Rolle, die einige Christen im Staat oder in der Armee der Mongolen spielten, wurden oft übertrieben; dazu trug insbesondere die Legende um den Priester Johannes bei. Die Geschichte der diplomatischen Kontakte, die auf ein lateinisch-mongolisches Militärbündnis gegen den Islam abzielten, ist bekannt.

Man begriff aber auch rasch, daß die Mongolen nicht Christen waren, daß sie die christliche Sache nicht unbedingt unterstützten und daß man ihren Beistand nur schwer gewinnen und bewahren konnte. Die Mongolen hatten christliche Länder auf grausame Weise unterworfen und hatten die Absicht, die ganze Welt zu erobern, „alle unsere Gebiete zu zerstören und unsere Völker zur Sklaverei zu verdammen", wie Giovanni da Pian del Carpine nach seiner Gesandtschaft von 1245 bis 1247 warnte. Er war überzeugt, daß sie im Fall eines Sieges die christliche Religion vernichten würden.[10] Kurz, die Gefahr, die von dieser Seite drohte, schien ihm sehr viel größer zu sein als die Gefahr, die vom Islam ausging. Diese gewaltige politische und militärische heidnische Macht komplizierte alle Probleme auf unerhörte Weise. „Heidentum" konnte nicht mehr so einfach als Synonym für „Islam" gebraucht werden. Auf Grund der erweiterten Kenntnisse über Zentralasien und den Orient, die man den Gesandten und den Kaufleuten verdankte, mußte die Vorstellung von einer zweigeteilten Welt an Schärfe verlieren und einer stärker relativierten ideologischen Sehweise Platz machen. Die Christen machten nicht mehr die Hälfte oder zwei Drittel der Weltbevölkerung aus, mit einem Rest, der sich hauptsächlich aus Muslimen zusammensetzte; sie stellten jetzt ein Zehntel oder vielleicht ein Hundertstel einer buntgemischten Menschheit dar.[11] Das Gefühl einer gedanklichen Gemeinschaft mit dem Islam auf der Basis des Monotheismus, das schon früher hin und wieder flüchtig aufgetaucht war, verstärkte sich. 1254 führte Wilhelm von Rubruk, Gesandter Ludwigs des Heiligen, vor dem Groß-Khan ein Streitgespräch mit Nestorianern, Muslimen und Buddhisten, wobei er an der Seite der beiden erstgenannten focht.

Das größere Verständnis für die muslimische Weltanschauung, das aus diesen Umständen resultierte, sollte nicht lange anhalten. Roger Bacon (gegen 1214 bis 1294), dann Raimundus Lullus (gegen 1235 bis 1316) sprachen davon, die militärische Anstrengung durch eine missionarische zu ersetzen, und zwar auf der Grundlage eines gründlichen Studiums der fremden Lehren und Sprachen. Bacon berücksichtigte den positiven Beitrag des Islams zum göttlichen Offenbarungsplan, wie es seit kurzem erst die fortschrittlichsten unter den Katholiken auf dem Weg der Ökumene wieder tun.[12] Natürlich ging es immer noch darum, den Islam zu bekämpfen; aber ein verbessertes Wissen über ihn konnte nur zu mehr Objektivität und, auf längere Sicht, zu mehr Relativität führen. Zu Beginn des 14. Jahrhunderts befreite Dante Avicenna, Averroes und Saladin aus der Hölle und gab ihnen als einzigen Modernen einen Platz im Limbus, neben den Helden und Weisen der Antike.[13] Das Konzil von Vienne im Jahr 1312 bekräftigte die Ideen von Bacon und Lullus über das Erlernen der Sprachen und insbesondere des Arabischen.

Aber es war zu spät. Der Fall von Akkon 1291 machte den in die Kreuzzüge gesetzten Hoffnungen definitiv ein

Ende. Seit langem schon vermochte der Kampf gegen die Ungläubigen im Orient den Westen nicht mehr zu mobilisieren. Nationale politische Vorhaben ersetzten endgültig den Plan der Ausbreitung eines vereinten christlichen Europa. Einzig in Spanien ging die *Reconquista* weiter, verschmolz aber in nationale Zielsetzungen ähnlicher Art. Im übrigen stellten die muslimischen Staaten seit der Mitte des 13. Jahrhunderts dort keine Gefahr mehr dar. Welche Politik man ihnen gegenüber einschlagen sollte, war nur noch eine sekundäre Frage. Die gegenüber muslimischen (und jüdischen) Bürgern christlicher Staaten mehr oder weniger praktizierte Toleranz war ein Spanien eigenes, fremdartiges Phänomen, das nicht mehr lange andauern sollte.

Das lateinische Europa, das sich auf seine inneren Auseinandersetzungen konzentrierte und auf kultureller Ebene Fortschritte machte, maß dem Islam in ideologischer Hinsicht keine große Bedeutung mehr bei. Es verlor sein Interesse an ihm. Wesentlich wurden nur die inneren ideologischen Kämpfe. Für John Wiclif (gegen 1320 bis 1384) war es die Reform der Kirche, die Vorrang hatte, und er war der Ansicht, die Rückkehr zu den Ursprüngen des Christentums genüge, um den Untergang des Islams herbeizuführen. Man sah ein, daß sich die dem Islam vorgeworfenen Laster auch im lateinischen Christentum fanden, die Kirche war muslimisch. Griechen, Juden und Muslime waren vom Heil nicht weiter entfernt als manche westliche Christen[14] – eine Meinung, die ebenso Verbreitung fand, wie jene von den drei Betrügern.[15]

Im intellektuellen Bereich wurden die großen muslimischen Autoren, deren Entdeckung ein Element der Neuerung gewesen war, allmählich in die gemeinsame Kultur aufgenommen. Jahrhundertelang wurden nun in der Philosophie Avicenna, Averroes und Algazel, in der Medizin Avicenna, Haly ('Alī b. 'Abbās) und Rhazes (zusammen mit dem bekehrten arabischen Arzt Johann Mesues) und in anderen Wissenschaften andere Autoren abgeschrieben, gedruckt und kommentiert. Geoffrey Chaucer (gestorben 1400, der nach der lateinischen Version des arabischen *Māšā'allāh* auch ein *Treatise on the Astrolabe* kompilierte) muß um 1390 im Tabard Inn in London unter den Leuten, die auf die Pilgerfahrt nach Canterbury aufbrachen, einen typischen Arzt getroffen haben. Dieser Mann wußte wenig über die Bibel, aber:

> *Wel knew he the olde Esculapius,*
> *And Deyscorides, and eek Rufus,*
> *Olde Ypocras, Haly an Galyen,*
> *Serapion, Razis, and Avycen,*
> *Averrois, Damascien and Constantyn,*
> *Bernard, and Gatesden, and*
> *Gilbertyn.*[16]

Die Araber waren neben den Griechen zu Klassikern geworden. Doch in der Renaissance zog man ihnen die Griechen vor. Die lateinischen Übersetzungen griechischer Autoren auf dem Umweg über das Arabische wurden zum Symbol für die Verfälschung der Antike durch den „gotischen" Geist der mittelalterlichen Gelehrten. Man begann, auf die Quellen zurückzugreifen. Der Ausdruck *Arabismus* wurde zu einer abwertenden Bezeichnung.[17] Die Verachtung für das barbarische Zeitalter, gegen das man reagieren mußte, erstreckte sich somit auch auf alles, was arabisch war. Petrarca (1304–1374) drückte mit Überzeugung seine Abneigung gegen den Stil der arabischen Dichter aus, die er zweifellos gar nicht gelesen hatte.[18]

Das hinderte keineswegs, daß kulturelle Anleihen beim muslimischen Orient öfter denn je erfolgten, daß die literarischen Anleihen sich vervielfachten – sicher eine Folge der

Handelsbeziehungen, die sehr viel regelmäßiger und enger geworden waren. Auf theoretischer Ebene indessen machten die Bemühungen um eine bessere Kenntnis und ein besseres Verständnis der muslimischen Weltanschauung der Gleichgültigkeit Platz.

3. Die engere Koexistenz: Der Feind wird zum Partner

Die Ausdehnung des Osmanischen Reichs auf Kosten des christlichen Balkans vom Ende des 14. Jahrhunderts an weckte in theologischen Kreisen eine Zeitlang das Interesse an der muslimischen Religion. Da sogar der Begriff des Christentums Auflösungserscheinungen zeigte, war es schwierig, den Geist der Kreuzzüge neu zu beleben, und die Theologen mußten der Frage nachgehen, ob der militärische Kampf eigentlich wirksam sei, ob die friedlichen missionarischen Anstrengungen genügten oder in ihrer herkömmlichen Form Nutzen brächten und ob nicht eine Annäherung zwischen den Trägern einer im wesentlichen identischen Botschaft möglich sei. Das war der „visionäre Augenblick", von dem R. W. Southern spricht und der bezeichnenderweise in den Zeitraum des Niedergangs von Konstantinopel zu liegen kam (zwischen 1450 und 1460). 1454 schlug Juan von Segovia (um 1400 bis 1458) eine Reihe von Zusammenkünften mit den muslimischen *fuqāhā'* (Rechtsgelehrten) vor. Er versicherte, dies sei ein nützliches Vorgehen, selbst wenn das Ergebnis nicht die Bekehrung der Gesprächspartner wäre. Er fertigte eine (heute verlorene) Übersetzung des Korans an, die den Fehler der cluniazensischen Übersetzungen – die ursprüngliche Bedeutung den lateinischen Vorstellungen anzupassen – vermeiden sollte. Juan von Segovia erntete die Mißbilligung von Jean

Germain (um 1400 bis 1461), Bischof von Chalon-sur-Saône, der der militärischen Aktion anhing und die Wiederbelebung des Kreuzzugsgedankens verfocht. Doch erhielt er die Zustimmung von Nikolaus von Kues (1401–1464), der sich mit den praktischen Mitteln zur Durchführung seines Plans befaßte und der mit seiner *Cribratio Alcorani* (1460) versuchte, eine präzise philologische und historische Untersuchung des Korans vorzunehmen. Juan von Segovia inspirierte auch Teile des Briefs von Pius II. an Meḥmed II. (1460), ein Meisterwerk gewandter Dialektik, das geistig zu überzeugen suchte, im Grunde aber das Werk eines Politikers und ein Manöver ohne jede Aufrichtigkeit war.[1]

Die osmanischen Türken stellten eine beträchtliche Bedrohung dar. Aber in der neuen Atmosphäre des fünfzehnten Jahrhunderts erblickte man in ihr mehr eine vorübergehende oder kulturelle Gefahr als eine ideologische. Selbst jene, die aufbrachen, das Christentum zu verteidigen, ließen sich oft mehr von dem ritterlichen Ideal als von religiösem Eifer leiten. Viele träumten natürlich noch von einem Kreuzzug, von einer Wiedereroberung vor allem jener muslimischen Gebiete, die den Christen erst vor kurzem abgenommen worden waren wie die Balkanländer, wo man auch glaubte mit einer allgemeinen Erhebung gegen die Türken rechnen zu können.[2] Aber die Umstände zwangen die Christen in die Defensive. Und niemals schien es den Herrschern wert, für die Ausdehnung des Christentums ihre politischen oder eventuell nationalen Interessen zu opfern; ebensowenig wollten sich die breiten Massen dafür im früheren Ausmaß mobilisieren lassen. Heinrich VIII. machte dies 1516 den venezianischen Gesandten klar.[3] Von da an war das Osmanische Reich für die Realisten eine Macht wie jede andere und auf Grund seiner Eroberungen sogar eine europäische Macht, die viel näher lag als irgendeine andere muslimische Macht seit langem; folglich drängten sich politische Beziehungen zum Osmanischen Reich auf. Bündnis, Neutralität oder Krieg hingen nun von politischen Faktoren ab, die mit der religiösen Lehre nichts zu tun hatten. Wenn diese auch ein in den Herzen sehr treu bewahrter Glaube blieb, so war man doch der Meinung, man könne sie – provisorisch, wie man dachte! – bei „ernsthaften" politischen Unternehmungen ausklammern.

Osmanische Gesandte begannen sich über längere Zeiträume hinweg in Europa aufzuhalten. So etwa in Venedig. Man verhandelte mit dem Türken. Während der Träumer Karl VIII. glaubte, er könne Italien als Ausgangspunkt für einen Kreuzzug, für die Rückeroberung von Konstantinopel und von Jerusalem an sich reißen, erhielt der Papst von 1490 bis 1494 vom osmanischen Sultan Bāyezīd II. jährlich eine Geldzuwendung, damit er seinen Bruder und Rivalen Ǧem gefangenhalte. 1493 empfing Papst Alexander VI. in Rom den türkischen Gesandten sehr feierlich bei einem geheimen Konsistorium, umgeben von Kardinälen, Bischöfen und europäischen Gesandten. Wir lesen bei Commynes folgenden, für einen mittelalterlichen Geist erstaunlichen Satz: „Der Türke schickte sofort einen Gesandten ..., der ihnen [den Venezianern] auf Geheiß des Papstes drohte und sie aufforderte, sich gegen den König [von Frankreich] zu wenden."[4] In der Tat hatte der Papst dem Sultan einen Brief geschickt, dessen Inhalt wir kennen: Er deckte ihm die Kreuzzugspläne Karls VIII. auf und bat ihn, die Venezianer zum Eingreifen gegen den König zu veranlassen, wobei er einzig riet, „während einer gewissen Zeit" Ungarn und andere christliche Länder nicht anzugreifen, weil er dadurch in eine heikle Lage käme. Im Gegenzug empfahl Bāyezīd dem Papst, Nikolaus Cibo zum Kardinal zu ernennen und, vor allem, Ǧem umbringen zu lassen, wofür er dreihunderttausend Dukaten bezahlte und auf den Koran schwor, den Christen in nichts schaden zu wollen.[5] Die Abmachung scheint eingehalten worden zu sein.[6] Zwei Jahre später kamen Mailand, Ferrara, Mantua und Florenz überein, die Türken dafür zu bezahlen, daß sie Venedig angriffen.[7] Nochmals zwei Jahre später bereiteten sich Venedig und Frankreich darauf vor, Mailand anzugreifen, worauf Ludovico il Moro, Herzog von Mailand, und andere italienische Fürsten Bāyezīd zu verstehen gaben, der Angriff auf Mailand bedeute nichts anderes als den ersten Schritt auf dem Weg zu einem Kreuzzug. Danach erklärte der Sultan Venedig den Krieg.[8] Einige Jahrzehnte später, als Süleymān der Prächtige Ungarn eroberte und dabei war, aus dem Mittelmeer ein türkisches Gewässer zu machen, schloß Franz I. ein Bündnis mit ihm, und man richtete die vereinten militärischen Kräfte gegen Kaiser Karl V. (1535). Franz I. traf noch ideologische Vorkehrungen, um sich vor der christlichen Doktrin zu rechtfertigen. Aber 1588 denunzierte Elisabeth von England den König von Spanien beim Sultan als ein Haupt der Götzendiener. Das Bündnis wurde in diesem Fall auf rein ideologischer Basis vorgeschlagen: die strengen Monotheisten gegen die Katholiken mit ihren zahlreichen suspekten Kulten.[9]

Dieses Faktum ist bedeutsam, selbst wenn man den Mangel an Aufrichtigkeit der jungfräulichen Königin in Rechnung stellt. Verhandlungen der Art, wie sie im 15. und 16. Jahrhundert geführt wurden, hatten im Orient zur Zeit der Kreuzfahrerstaaten stattgefunden. Aber damals war das Kolonialpolitik. Etwas ganz anderes war es, wenn sich diese Dinge im Herzen Europas abspielten. In Italien hatten nicht nur alle bedeutenderen Staaten irgendwann einmal mit den Türken gemeinsame Sache gegen ihre Rivalen gemacht, sondern auch ganze Bevölkerungen drohten den repressiven

Regierungen, sie würden einen eventuellen türkischen Einfall begrüßen, so wie das ein Teil der Balkanchristen getan hatte.[10]

Die Türken waren also auf politischer Ebene in das europäische Orchester integriert – was aber nicht hieß, daß sie immer mitspielten. Denn selbstverständlich verschwand das Element des ideologischen Widerspruchs, die religiöse Feindschaft, nicht, weit davon entfernt. Wie Norman Daniel nachgewiesen hat, blieben die wesentlichen Züge des Bildes, das man sich im Mittelalter vom muslimischen Glauben geschaffen hatte, unverändert erhalten; es war ein polemisches und apologetisches, zu einem guten Teil verächtliches und verständnisloses Bild. Indessen ließen die heftigen religiösen Zwiste innerhalb des Christentums selbst den Islam als einen weniger außergewöhnlichen und abstoßenden Fall erscheinen. Schon im Mittelalter hatte man ihn als ein Schisma, eine Ketzerei des Christentums betrachtet. So sah ihn Dante. Zu einer Zeit, da die Schismen immer zahlreicher wurden, und zwar nicht nur in Form von Ideologien, sondern auch in Form von politischen Einflußbereichen, wie im Falle des Islams, konnte es nur noch darum gehen, diesen in eine Hierarchie einzuordnen, in der er nicht mehr unbedingt als schädlichstes Element erschien.[11]

Im kulturellen Bereich integrierten manche die Türken mit Hilfe der phantasievollen Genealogien, die damals im Schwange waren, als Brüder der Europäer, indem sie sie von den Trojanern abstammen ließen, von ihrem König Priamos oder von dessen Vorfahren, genauso wie die Franzosen und Italiener; andere aber protestierten gegen diese These, die darauf hinauslief, das anatolische Türkentum als legitim anzuerkennen, obschon der Rachezug gegen Agamemnon und die Seinen in Form der Eroberung Griechenlands und des Balkans als exzessiv erscheinen mochte. Für die Verfechter einer zweiten These stammten die Türken dagegen von den Skythen ab, was eine humanistische Version der alten christlichen Feindschaft erlaubte.[12] Es ging nicht mehr so sehr um den Kampf gegen die Ungläubigen als um die Verteidigung gegen die Barbaren (*bellum contra barbaros*, eine rhetorische Floskel jener Zeit), was die von Herodot und Xenophon genährten Geister entzückte.

Der Islam wurde praktisch mit den Türken identifiziert, und das Wort „Türke" wurde Synonym von „Muslim". Man begann die Perser kennenzulernen, deren politische und religiöse Gegnerschaft zum Osmanenreich allerlei politische Spiele ermöglichte. Weiter weg nahm man auch mit den Muslimen Indiens Kontakt auf und mit ihren prunkvollen Herrschern, den Großmoguln. Die Araber indessen, die praktisch in ein politisches Nichts versunken waren, gehörten nur noch ganz am Rande zu dem Bild, das man sich vom Orient machte, und man setzte sie mehr oder weniger den plündernden Beduinen gleich, wie man es zumindest seit Joinville gerne tat. Der Ausdruck Sarazene verschwand nach und nach aus dem allgemeinen Sprachgebrauch.

Selbst wenn sie von Pedanten zu skythischen Barbaren erklärt wurden, blieben die Türken doch die Herren des mächtigsten Reichs in Europa und waren im Besitz von Konstantinopel mit seinen Wundern, die dank besserer Verkehrswege leichter zugänglich geworden waren. Die Prachtentfaltung der Hohen Pforte flößte den Europäern große Bewunderung ein, und ihre Macht beeindruckte sie. Wie bekannt ist, riskierte Ludwig XIV. einerseits die Exkommunikation, als er 1687 eine Truppe nach Rom entsandte, weil der Papst ihn dazu aufgefordert hatte, auf die Privilegien seiner Gesandtschaft zu verzichten, die sich auf ein ganzes Viertel erstreckten, in dem Verbrecher Zuflucht fanden; andererseits duldete es der Sonnenkönig, daß seine Gesandten in Konstantinopel eingekerkert, beschimpft und besteuert und ihre Beamten tausend Schikanen ausgesetzt wurden.[13]

4. Von der Koexistenz zur Objektivität

Die Nähe, die engen politischen Beziehungen, der intensivierte Handelsaustausch, die große Zahl der Reisenden und der Missionare, die den Orient aufsuchten, sowie der Verfall der ideologischen Hegemonie und Einheit des europäischen Christentums erleichterten eine objektive Beschäftigung mit dem muslimischen Orient. Sie wurde für die Politiker und die Kaufleute sogar zu einer viel zwingenderen Notwendigkeit, als dies früher der Fall gewesen war. Nach der von Arnold von Harff 1496 vorgelegten Beschreibung nahmen die detaillierten und präzisen, nüchternen und möglichst objektiven Schilderungen zu.[1] Man analysierte die Sitten nicht mehr unter dem Blickwinkel der mehr oder weniger großen Abweichung von der christlichen Moral. Die politische, administrative und militärische Organisation des Osmanenreichs war Gegenstand von Betrachtungen, die oft kritisch ausfielen, oft aber auch Bewunderung ausdrückten für ihre in vielen Bereichen festgestellte Effizienz.[2] Der muslimische Orient als Ganzes war eine reiche und blühende Gegend mit einer hochentwickelten Zivilisation, mit wunderbaren Bauten und herrlichen Höfen von unerreichter Prachtentfaltung.

Die Weltläufigkeit, die enzyklopädischen Bestrebungen der Renaissance und der Manierismus ihres kulturellen Ausdrucks hatten den muslimischen Orient, die Studien über den Nahen Osten mit eingeschlossen. Aber das Interesse am Orient war noch nicht Exotismus, Gefallen an einer Fremdartigkeit, die in der eigenen Umgebung durch die Kunst oder die Lebensweise künstlich geschaffen wird. Man sah erste Anzeichen dafür – so etwa bei jenen Reisenden, die sich, wenn sie wieder in Europa waren, türkisch kleideten.[3] Aber es war doch häufiger die orientalische Welt, die westlich gekleidet und sogar mit magischen Reizen geschmückt war wie bei Ariost (1474–1533) oder Tasso (1544–1595), selbst wenn die Episoden oder Themen ihren Ursprung tatsächlich im Orient hatten[4] und selbst wenn der Inhalt ganz der orientalischen Geschichte entlehnt war wie in Marlowes *Tamburlaine* (1587?). Die Leser und Zuhörer fanden Gefallen an diesen phantastischen Erzählungen, aber niemand suchte darin Informationen über die Geschichte oder die Sitten des muslimischen Orients. Doch der Druck der exakten Informationen, die von den Reisenden und den Diplomaten mitgebracht wurden, begann sich auszuwirken; das Lokalkolorit setzte sich allmählich durch. Seit langem schon hatten die Maler, die das Leben Jesu oder der Märtyrer darstellten, den Mitgliedern des Sanhedrin oder den orientalischen Potentaten Turbane aufgesetzt. Othello bleibt von seiner „maurischen" Herkunft nur noch das fatale magische Tuch, das eine ägyptische Zauberin seinem Vater gegeben hat.[5] Molière jedoch machte sich 1670 die Mühe, in den burlesken Szenen seines *Bürger als Edelmann* echte türkische Sätze zu verwenden, und 1672 schrieb Racine im Vorwort zu seinem *Bajazet*, er habe sich sorgfältig über die Geschichte der Türken informiert. Corneille und andere warfen ihm indessen vor, er habe keine einzige Figur geschaffen, „die fühlt, wie sie fühlen sollte, wie man in Konstantinopel fühlt; sie haben alle, unter einem türkischen Kleid, die Gefühle, die man mitten in Frankreich hat".[6] Racine hielt es für nötig, in späteren Vorreden darauf zu reagieren: „Ich war bestrebt, in meiner Tragödie das zum Ausdruck zu bringen, was wir über die Lebensweise und die Lebensregeln der Türken wissen."

Vom Mittelalter an fehlen die exotischen Themen in der Literatur nie mehr; bei vielen Autoren spürt man ein gewisses Bemühen, ihre Werke mit genauen Einzelheiten zu bereichern. Im 17. Jahrhundert brach dann der Exotismus auch in die Kunst ein und überbordete im 18. Jahrhundert. Doch mußte das in der Kunst und in der Literatur verwertete Wissen über die orientalischen Kulturen zwangsläufig verzerrt werden in einer Umgebung, die von einer völlig anderen Weltanschauung, die sich aber für universal hielt, beherrscht war. Man ging nur sehr langsam von der abstrakten Vorstellung der Relativität der Kulturen, die sich im 18. Jahrhundert deutlich herauskristallisierte, zur Integration der exotischen Fakten in Systeme über, die frei von jedem Ethnozentrismus waren. Dieser Prozeß ist vielleicht selbst heute noch nicht abgeschlossen.

Er begann mit dem Zusammenbruch des Vorrechts, das der zentralen Ideologie der europäischen Kultur, dem Christentum, gewährt worden war, obschon dieses Vorrecht dann auf neue Ideologien übertragen wurde, auf die Kultur und die Sensibilität, den Geschmack Europas. Es wurde möglich, die muslimische Welt objektiv zu betrachten, sobald ihre Werte und ihre Ideen nicht mehr zwingenderweise mit dem negativen Vorzeichen des absoluten Irrtums versehen waren. Die praktische Politik und die objektiven Beobachtungen der Reisenden und der Kaufleute bereiteten die Wege erst vor; dazu kam dann die neue Strömung der Gelehrsamkeit.

Die gelehrte Studie tendierte von sich aus zu einer gewissen Objektivität, selbst wenn sie im Rahmen eines polemischen Vorhabens auf sozialer Ebene durchgeführt wurde. Um so mehr noch, wenn dieses Vorhaben in den Hintergrund trat und dazu neigte zu verkommen. Die Teilwahrheit diente einer polemischen Synthese, in der sie einen Sinn

annahm, der sie verzerrte. Die Gelehrsamkeit suchte die
Wahrheit weiterhin um ihrer selbst willen; die Tatsachen integrierten sich weiterhin in unbewußte Gesamtvorstellun-
gen, aber es war ein großer Fortschritt, daß sie nicht mehr
von Anfang an gesucht, gewählt und ausgearbeitet wurden,
um einer bewußten ideologischen Synthese zu dienen.

5. Die Entstehung der Orientalistik

Ausgangspunkt war das Studium der Sprachen und das
Sammeln von Materialien aus rein ideologischem Antrieb.
Schon im Mittelalter, in Spanien, hatten die arabischen Studien auf diese Weise ihren Anfang genommen, nämlich im
Dienste der Mission. Das Interesse an ihnen ging völlig verloren, als Granada im Jahr 1492 fiel und die romanisch sprechenden Moriscos als einzige Minderheit überlebten. In die
semitischen Studien integriert, wurden sie in Rom wiederaufgenommen, wo die Kurie an einer Vereinigung der Ost-
kirchen interessiert war. Der Humanismus auf seiner Suche
nach einer universellen Kultur sowie die politischen und
kommerziellen Interessen erweiterten sie zu muslimischen
Studien. Guillaume Postel (1510–1581), ein außerordent-
lich engagierter Gelehrter, bewirkte, ungeachtet seines My-
stizismus, seiner Verrücktheit gar, seines Eifers im Dienste
des Glaubens und seines französischen Patriotismus große
Fortschritte im Studium der Sprachen und der Völker und
stellte gleichzeitig im Orient eine bedeutende Sammlung
von Manuskripten zusammen.[1] Sein Schüler Joseph Scaliger
(1540–1609), ein Mann von enzyklopädischer Gelehrsamkeit, pflegte die Orientalistik unter Loslösung von ihren
missionarischen Bestrebungen. Ab 1586 stand für den
Druck arabischer Werke in Europa die von Ferdinand de'

Medici, Kardinal und Großherzog von Toskana, gegründete Druckerei zur Verfügung. Zwar rechtfertigte man sie mit missionarischen Zielen, doch wurden in ihr von Anfang an das medizinische und das philosophische Werk Avicennas sowie grammatikalische, geographische und mathematische Arbeiten gedruckt. Die Bemühungen wurden am Ende des 16. und zu Beginn des 17. Jahrhunderts in Paris, in Holland und in Deutschland aufgenommen, besonders deshalb, weil man die Medizin des Avicenna besser kennenlernen wollte.

Das Ende des 16. Jahrhunderts und das 17. Jahrhundert erlebten, wie sich ein spezialisiertes wissenschaftliches und gelehrtes Instrumentarium entwickelte, das man im Hinblick auf eigennützige ideologische, politische oder wirtschaftliche Projekte benützte, finanzierte und unterstützte. Das von starken Staatsgebilden geschützte und kontrollierte Wirtschaftswachstum ließ erkennen, daß in vielen Bereichen eine Vermehrung des Wissens wünschenswert und manchmal auch notwendig war. Die aus dieser Erkenntnis resultierende, von oben angeregte Organisation des Wissens erzwang eine bestimmte Spezialisierung, die sich von der individualistisch-enzyklopädischen Gelehrsamkeit der Renaissance abhob. Ausgehend von diesen Tendenzen entstand, beschützt und finanziert von staatlicher Seite, ein organisiertes Netz für den Erwerb und die Verbreitung des Wissens, während sich gleichzeitig der Gedanke durchsetzte, dieses Bemühen um wissenschaftliche Forschung sei eine soziale Aufgabe.[2] Die Spezialisierung und ein gewisses Maß an Planung erforderten die Zusammenarbeit der zahlreicher gewordenen Forscher. Die Folge war, daß der Ehrgeiz des einzelnen Forschers geringer, sein Horizont enger wurde, aber es wurde doch auch das begünstigt, was man eine „regionale Objektivität" nennen kann. Der spezialisierte Wissenschaftler wählte oder erhielt eine begrenzte Aufgabe, doch bemühte er sich, gewissenhaft an sie heranzugehen. Befreit von der Sorge um Synthese, konnte er sich erlauben, die ideologischen, philosophischen, politischen und sozialen Folgerungen, die andere aus seinen Arbeiten ziehen mochten, außer acht zu lassen. Jene, die der Drang zu solchen Folgerungen weiterhin den enzyklopädischen Träumen der Renaissance nachhängen ließ, fielen in eine Kategorie, die sich zunehmend unterschied von jener der „ernsthaften Wissenschaftler": die mehr oder weniger erleuchteten Phantasten. Außer ihnen gab es nur die Philosophen, denn die Problemstellungen der Humanwissenschaften waren noch nicht weit genug entwickelt, um sich loszulösen und auf etwas anderes hinauszulaufen als auf Nebengleise der allgemeinen Philosophie. Der ideologische Pluralismus, der sich in Europa nach den Religionskriegen, die keine endgültige Entscheidung gebracht hatten, bemerkbar machte, und die Zusammenarbeit zwischen Wissenschaftlern unterschiedlicher ideologischer Ausrichtung begünstigten die Objektivität ebenfalls.

Diese allgemeinen Faktoren wirkten auch im Bereich der Orientalistik. Der Papst und viele Christen verwandten sich für die Vereinigung der Kirchen und suchten die Zustimmung der östlichen Christen, was die Auseinandersetzung mit ihrer Sprache und ihren Texten erforderlich machte. England, Frankreich und die Vereinigten Niederlande kümmerten sich eher um den Handel und um ihre politischen Pläne im Orient. Die Verbesserung der Verkehrsverbindungen führte maronitische Gelehrte nach Europa, und selbst Erpenius sollte 1611 in Conflans einem muslimischen Kaufmann aus Marokko begegnen. Die biblische Exegese, Hauptgegenstand der Diskussionen zwischen Katholiken und Protestanten, führte auch zum Studium der orientalischen Sprachwissenschaften. Die Ärzte interessierten sich immer noch, trotz „antiarabistischer" Gegenströmungen, für Avicenna. Die türkische Bedrohung zwang zu einer vertieften Auseinandersetzung mit dem Osmanischen Reich und dem Islam. Die Abnahme der Gefahr erlaubte es dann, beide mit mehr Gelassenheit zu betrachten. Die wachsende Macht der europäischen Kultur weckte an den orientalischen Höfen ein gewisses Interesse für die (immer zahlreicheren) europäischen Reisenden, die praktische Anweisungen für vorläufig noch beschränkte Bereiche, insbesondere die Kriegskunst, mitbrachten.

Diese engeren Verbindungen, diese Interessen und Umstände erklären den Aufschwung der Orientalistik. Der erste Lehrstuhl für Arabistik wurde 1539 in Paris am neugegründeten Collège de France für Guillaume Postel geschaffen, den, wie schon dargelegt, aufgeklärten Renaissancegelehrten, der auch Entwürfe zu Handbüchern publizierte, vor allem aber Schüler ausbildete; unter ihnen war Joseph Scaliger, der auf dem Gebiet der Orientalistik bereits über recht bedeutende Kenntnisse verfügte. Die Manuskriptsammlungen der Bibliotheken ermöglichten es den Gelehrten, sich seriös zu informieren. Der Buchdruck – und speziell der Druck arabischer Schriftzeichen, dessen Anfänge geschildert worden sind – erleichterte den Zugang zu den Arbeiten beider Seiten. Eine Reihe von Spezialisten bemühte sich, die unerläßlichen Arbeitsinstrumente zur Verfügung zu stellen: Grammatikbücher, Wörterbücher, Textausgaben. An erster Stelle sind hier zu nennen Thomas van Erpe [Erpenius] (1584–1624), der die erste arabische Grammatik und die erste Textedition publizierte, die auf soliden philologischen Grundlagen aufgebaut waren, sowie sein Schüler Jacob Golius (1596–1667). In Österreich brachte 1680 der Lothringer Franz Meninski sein umfangreiches türkisches Wörterbuch heraus. Lehrstühle für orientalische

Studien wurden zahlreich. Paris stand nicht mehr allein da. Bereits 1593 lehrte Franz von Ravelingen [Raphelengius] (1539–1597) in Leiden Arabisch. 1627 gründete Urban VIII. in Rom das Propagandakolleg, ein aktives Studienzentrum. 1638 übernahm Edward Pocock den ersten Lehrstuhl für Arabistik in Oxford.

Die Spezialisten übten Askese in der Wissenschaft. Sie sammelten die Arbeitsinstrumente, die Materialien, die mehr oder weniger begrenzten Studien, in denen sich gelegentlich Elemente fanden, die dem allgemeinen Bild widersprachen, das die herrschende Ideologie der Gesellschaft durchgesetzt hatte. Sie suchten nicht unbedingt, das heißt bewußt, dieses Bild zu modifizieren oder diese Ideologie in Frage zu stellen. Sie waren oft konformistisch. Aber das am Ende des 17. und im 18. Jahrhundert herrschende allgemeine Klima beeinflußte sie zumindest insoweit, als sie sich nicht mehr zu apologetischen oder polemischen Stellungnahmen verpflichtet fühlten. Sie konnten sich darauf beschränken, ihrer Treue gegenüber der christlichen Ideologie in (aufrichtigen oder unaufrichtigen) Erklärungen Ausdruck zu verleihen, die sie über ihre Arbeiten stellten, die aber den neutralen Charakter des Inhalts dieser Arbeiten nicht beeinträchtigten.[3]

Der ideologische Relativismus erreichte die Intellektuellen und das gebildete Publikum vor den Gelehrten.[4] Doch das Klima, das er schuf, ebnete diesen Weg. Jene, die sich durch eine starke persönliche Neigung zum muslimischen Orient hingezogen fühlten, konnten ungestört arbeiten. Barthélemy d'Herbelot (1625–1695) redigierte auf der Grundlage von bereits recht reichen Materialien seine *Bibliothèque orientale* (1697 postum von Galland veröffentlicht), die erste Version der *Encyclopédie de l'Islam.* Antoine Galland (1646–1715) verlieh dem Sinn für das Orientalische einen entscheidenden Impuls, als er zu Beginn des 18. Jahrhunderts seine Übersetzung von *Tausendundeiner Nacht* publizierte (1704–1717), die einen ungeheuren Einfluß ausüben sollte.[5] Von da an erschien die muslimische Welt nicht mehr als die Domäne des Antichristen, sondern im wesentlichen als die Heimstätte einer exotischen, malerischen Kultur, eingetaucht in eine märchenhafte Atmosphäre voller – guter oder böser – kapriziöser Geister, die ein Publikum entzückten, das schon an den europäischen Märchen so viel Gefallen gefunden hatte.[6]

6. Das Zeitalter der Aufklärung

Praktische Entscheidungen wurden zuerst außerhalb der christlichen Ideologie getroffen. In der Folge begannen sich „regionale" Ideologien abzuzeichnen, die mehr und mehr an Substanz gewannen und sich immer kühner behaupteten, nicht nur unabhängig von der christlichen Ideologie, sondern auch in Konkurrenz zu ihr, und die dazu neigten, wie diese zu einer totalitären Weltanschauung zu werden: die rationale, progressive, weltliche Ideologie der Aufklärung. Man ging über zum Kampf gegen die mittelalterliche Weltanschauung, welche die etablierten politischen Strukturen zu erhalten und zu verteidigen suchte. Der Kampf gegen den „mittelalterlichen Obskurantismus", der seit der Renaissance ausgefochten wurde, nahm nun den Aspekt eines Kampfes gegen das Christentum selbst an, das sich nicht rechtzeitig von dieser ideologischen Ausdehnung seiner ursprünglichen Kraftlinien losgelöst hatte. Unter diesem Aspekt blieb es, vor allem in den katholischen Ländern, mit den politischen Strukturen verbunden, denen die aufsteigenden Kräfte immer ungeduldiger entgegentraten.

Man konnte nun die mit dem Christentum konkurrierende religiöse Ideologie unparteiisch betrachten, mit Sympathie sogar, weil man darin unbewußt die Werte der neuen Ideologie, die sich dem Christentum entgegensetzte, suchte (und natürlich auch fand). Im Lauf des 17. Jahrhunderts verteidigten zahlreiche Autoren den Islam gegen die mittelalterlichen Vorurteile, gegen die polemischen Angriffe, und sie zeigten den Wert und die Aufrichtigkeit der muslimischen Frömmigkeit. So beispielsweise Richard Simon (1638–1712), ein aufrichtiger Katholik, der aber auf Grund seiner Sachkunde hartnäckig gegen die dogmatische Verzerrung der Fakten beim Studium der Bibel und des Ostchristentums ankämpfte. In seiner *Histoire critique des créances et des coutumes des nations du Levant* (1684) beschrieb er zunächst den Glauben und die Riten der Ostchristen, dann jene der Muslime, nüchtern und klar, gestützt auf das Werk eines muslimischen Theologen, ohne Beleidigungen oder Verleumdungen, gelegentlich mit positiver Einschätzung oder sogar Bewunderung. Als Arnauld ihm vorwarf, er habe den Islam zu positiv beurteilt, riet er diesem, sich mit den „vorzüglichen Lektionen" der muslimischen Moralphilosophen auseinanderzusetzen.[1] Der niederländische Arabist Adriaan Reland präsentierte 1705 mit größerer Kompetenz ein objektives Bild der muslimischen Religion, wobei er sich ausschließlich auf muslimische Quellen stützte.[2] Der Philosoph Pierre Bayle, ein Bewunderer muslimischer Toleranz, schloß in sein *Dictionnaire critique* (1. Auflage 1697) eine objektive Biographie von Mohammed ein, die in späteren Ausgaben auf Grund der neuen Erkenntnisse überarbeitet wurde.

In der nächsten Generation wurde die Objektivität von der Bewunderung abgelöst. Bayle und viele andere stellten die Toleranz, die vom Osmanischen Reich verschiedensten religiösen Minderheiten gegenüber geübt wurde, den Christen als Vorbild hin: Es war die Epoche, da, wie die spanischen Juden zweihundert Jahre zuvor, die Kalvinisten aus Ungarn und Siebenbürgen, die Protestanten aus Schlesien und die altgläubigen russischen Kosaken in der Türkei Zuflucht suchten oder ihren Blick auf die Hohe Pforte richteten, um den Verfolgungen von katholischer oder orthodoxer Seite zu entgehen.[3] Der Islam galt als eine rationale Religion, die weit entfernt war von den der Vernunft so sehr entgegengesetzten christlichen Dogmen, die ein Minimum an mythischen Vorstellungen und mystischen Riten zuließ (ein Minimum, das man für notwendig hielt, um die Massen zu gewinnen) und die die Aufforderung zu einer moralischen Lebensführung mit einer vernünftigen Rücksicht auf die Bedürfnisse des Körpers, der Sinne und des gesellschaftlichen Lebens verband. Mit einem Wort, der Islam war eine Religion, die dem Deismus sehr nahe stand, zu dem sich die meisten Aufklärer bekannten. Auf historischer Ebene hob man die zivilisatorische Rolle des Islams hervor: die Kultur war nicht aus den Klöstern hervorgegangen; ihre Ursprünge lagen bei den griechischen und römischen Heiden, und sie war von Nichtchristen nach Europa gebracht worden, nämlich von den Arabern.[4]

Auf dieser Basis dachte bereits Leibniz (1646–1716); dann auch der anonyme Verfasser eines Pamphlets mit dem provozierenden Titel *Mahomet no impostor!* (1720),[5] ferner Henri de Boulainvilliers (1658–1722), von dem 1730 die apologetische Abhandlung *Vie de Mahomet* herauskam, und Voltaire, der Bewunderer der muslimischen Kultur. Voltaire indessen trat einerseits für den tiefgründigen politischen Denker und Begründer einer rationalen Religion ein und profitierte andererseits von der offiziellen Haltung seines Landes, um denselben Mohammed als den Prototyp des Betrügers hinzustellen, der die Seelen mit Hilfe religiöser Märchen einfing.[6]

Der Zeitgeist erfaßte schließlich sogar die Spezialisten, übrigens vor allem jene, die außerhalb der akademischen Tradition standen. Zu ihnen gehörte der englische Anwalt und Arabist George Sale (um 1697 bis 1736), ein aufgeklärter Christ, der 1734 eine bemerkenswerte Übersetzung des Korans publizierte, zusammen mit einem *Preliminary Discourse* sowie nüchternen, ausgewogenen und kenntnisreichen Anmerkungen, die für viele spätere Autoren zur Quelle wurden. Ferner ist insbesondere auch der geniale deutsche Autodidakt Johann Jakob Reiske (1716–1774) zu nennen, ein passionierter und für seine Zeit unvergleichlicher Kenner der arabischen Literatur und Geschichte, ein unermüdlicher Gelehrter, den die Professoren Schultens und Michaelis schikanierten, weil sie die Arabistik nur im Rahmen der „heiligen Philologie" und der Bibelexegese zulassen wollten. Auch dieser Gelehrte sah in der Gründung des Islams etwas Göttliches.[7] Der Oxforder Professor Simon Ockley (1678–1720) schrieb eine Geschichte der Sarazenen, die erste für das breite Publikum bestimmte Präsentation der Ergebnisse der orientalistischen Studien, und stellte darin 1708 den muslimischen Orient über den Westen.[8] Die einzelnen Fakten und die allgemeinen Ideen wurden von Geistern wie Voltaire zu einer Synthese verarbeitet; auch Edward Gibbon (1737–1794) gehörte dazu, dessen ausgewogenes Urteil der muslimischen Welt in der Kultur- und Geistesgeschichte der Menschheit einen guten Platz einräumte. Ein Mythos entstand: der Mythos von Mohammed als tolerantem und weisem Herrscher und Gesetzgeber.[9]

Das 18. Jahrhundert blickte wahrhaftig brüderlich und verständnisvoll auf den muslimischen Orient. Der Gedanke von der Gleichheit der natürlichen Anlagen aller Menschen, der von einem aktiven Optimismus, der wahren Religion jener Zeit, verbreitet wurde, erlaubte es, die Vorwürfe früherer Epochen an die Adresse der muslimischen Welt kritisch zu betrachten. Sicher gab es viel Grausamkeit und Roheit im Orient, aber war der Westen diesbezüglich ohne Tadel? Die Sklaverei werde in der Türkei milder gehandhabt als anderswo und auch die Christen betrieben Seeräuberei, argumentierte man.[10] Der Despotismus sei zwar ein beklagenswertes politisches System, lasse sich aber wie jedes andere untersuchen und mit ökologischen und sozialen Fakten erklären; er werde vielleicht durch die im Orient herrschenden geographischen Bedingungen begünstigt, habe sich aber ab und zu auch anderswo entwickelt. Montesquieu, der vom Einfluß geographischer Gegebenheiten überzeugt war, sah in Domitian den Vorläufer des Safawidenherrschers in Persien.[11] Die relativ große sexuelle Freiheit, die der Islam (den Männern) zugestand, im Mittelalter Gegenstand des Abscheus (oder der zwiespältigen und unbewußten Anziehung), wurde für eine Kultur, welche die Erotik pflegte, besonders anziehend. Die Muslime waren in den Augen des Zeitalters der Aufklärung Menschen wie alle anderen auch und in vielen Fällen den Europäern sogar überlegen. „Der Türke ist immer dann, wenn er nicht dem Fanatismus erliegt, ebenso mildtätig wie vertrauensvoll", schrieb Thomas Hope (um 1770 bis 1831), der sich am Ende des Jahrhunderts mehrmals im Orient aufhielt.[12] Am Ende von *Candide* finden die weiser gewordenen Helden bei Konstantinopel den Frieden, indem sie den Ratschlägen eines „sehr berühmten Derwischs, der als der beste Philosoph der Türkei galt", und eines guten alten Muslims, der arbeitsam und nüchtern ist und sich nicht um die Politik kümmert, folgen. Die Zahl der Orientreisenden war groß. Viele von ihnen waren engstirnig oder lebten im Orient oft, wie die Missionare, in einer in sich geschlossenen Welt. Einige indessen, wie etwa James Bruce, Carsten Niebuhr, Henry Maundrell, Richard Pococke, Jean de la Roque, Claude-Étienne Savary und Thomas Shaw, kamen mit interessanten Fakten zurück, welche die immer noch sehr gerne gelesenen Berichte von Leuten aus dem vorangegangenen Jahrhundert, etwa von Chardin und Tavernier, ergänzten. In Konstantinopel drang Lady Montagu in die Welt der muslimischen Frauen ein und beschrieb sie ohne mystische und mythische Ausschmückungen.[13] In die umgekehrte Richtung, nach Europa, reisten vor allem christliche Orientalen. Der junge Jean-Jacques Rousseau, Sohn eines Uhrmachers am Serail in Konstantinopel, verwandt mit einem Konsul in Persien, dessen Sohn seinerseits Konsul in Basra, Aleppo und Tripoli war, wunderte sich nicht, in der Nähe von Neuenburg einem falschen Archimandriten von Jerusalem zu begegnen; es handelte sich zweifellos um einen griechischen Abenteurer, einen Untertanen des Großherrn.[14] Dem Thema des türkischen Spions, der die Sitten und Gebräuche der Europäer kritisch schildert, war ein erstaunliches Geschick beschieden, führte es doch am Ende zu den *Lettres persanes* von Montesquieu (1721);[15] es war 1684 vom genuesischen Abenteurer Giovanni Paolo Marana, der lange in Ägypten gelebt hatte, lanciert worden.

Andererseits blieb aber die vorromantische Strömung, die an der von A. Galland geschaffenen exotischen und bezaubernden Vision des muslimischen Orients Gefallen fand, sehr stark und brachte ein Meisterwerk wie *Vathek* von William Beckford (1781) hervor, dessen Autor 1788 in Madrid der Geliebte eines jungen Muslims namens Mohammed werden sollte. Diese Strömung wurde neu belebt durch den starken Hang zur Esoterik, der das Ende des Jahrhunderts kennzeichnete und dessen Symbol Cagliostro war, der

„Großkophta", der sich langer Reisen im Orient rühmte. Ein weniger phantastischer Ästhetizismus bewegte William Jones dazu, die orientalische Literatur zu studieren; doch paßte er wie Voltaire und so viele andere die Formen und Inhalte möglichst weitgehend den europäischen Mustern und Kategorien an und übertrug beispielsweise arabische Verse in griechisch-lateinische Versmaße. Aber dennoch hielt sich auch die realistische, positive und universalistische Strömung, die sich auf der Linie der Enzyklopädisten bewegte, mühelos und formte einen Geist wie Volney (1757–1820), dessen *Voyage en Syrie et en Egypte* (1787) ein Meisterwerk gewissenhafter Analyse ist und von erstaunlichem Scharfblick in politischer und sozialer Hinsicht zeugt, ein Werk, das sich ganz bewußt vor dem Pittoresken hütet und bestrebt ist, die Wirklichkeit zu beobachten. Volney beherrschte die Sprachen des Orients, er war ein imponierender Gelehrter, doch war es vor allem die lebendige Gegenwart, die ihn interessierte.[16] Er spielte eine wichtige Rolle bei der Vorbereitung der Ägyptischen Expedition, deren Ergebnis die bewundernswerte *Description de l'Egypte* (1809–1822) war, eine unvergleichliche Sammlung genauer und gründlicher archäologischer, geographischer, demographischer, medizinischer, technologischer und, bevor es diesen Begriff gab, soziologischer Untersuchungen.

Volney war in der Geschichte des Orients sehr bewandert, doch war er der Überzeugung, der beste Weg, um sie zu verstehen, sei es, von der Beobachtung des lebendigen Orients auszugehen. Er bemühte sich, das praktische Studium des gesprochenen Arabisch zu fördern, und kritisierte die Gelehrten, die zwar sehr viel über die arabischen Grammatiker des Mittelalters wußten, die aber außerstande waren, sich mit einem Araber ihrer Zeit zu unterhalten. Die aufmerksame Auseinandersetzung mit der Gegenwart und das Verlangen, dem tatsächlichen Mechanismus der Dinge auf den Grund zu gehen, waren den rein sprachwissenschaftlichen Studien wenig förderlich, die denn auch während des ganzen 18. Jahrhunderts einen schweren Stand hatten. Maroniten wie die Assemani in Italien und die Casiri in Spanien katalogisierten die Handschriftensammlungen. 1700 gründete Ludwig XIV. und 1754 Maria-Theresia eine Schule mit dem vorwiegend praktischen Zweck der Ausbildung von Dolmetschern. 1784 rief William Jones (1746–1794) in Indien die erste wissenschaftliche Gesellschaft für Orientstudien ins Leben, die Asiatic Society (of Bengal). Es gab damals dort, auf muslimischem Boden, eine Gruppe von Briten, die an den Sprachen und an der Literatur der Muslime ebenso interessiert waren wie an denen des klassischen Indien. Im Jahr 1800 gründete die Ostindienkompagnie, ebenfalls mit praktischer Zielsetzung, in Kalkutta das Fort William College, unter dessen Auspizien viele der persischen und arabischen Klassiker sowie Handbücher und andere Arbeitsinstrumente oft von einheimischen Autoren veröffentlicht und übersetzt wurden. Man war dort noch der Ansicht, Kenntnisse über den Orient seien eine Notwendigkeit. Um 1820 herum begann die westliche Ausrichtung zu dominieren, alles andere wurde für überflüssig befunden, und im Jahr 1835 stellte Lord Macaulay das gesamte indische Schulsystem auf das englische um.[17]

7. Das 19. Jahrhundert: Exotik, Imperialismus, Spezialisierung

Im 19. Jahrhundert manifestierten sich drei Tendenzen: die utilitaristische und imperialistische Haltung des Westens, die von der Verachtung für andere Kulturen geprägt war; der romantische Exotismus, beherrscht von der Verzauberung durch einen magischen Orient, der durch seine wachsende Armut noch an Charme gewann; die spezialisierte Gelehrsamkeit, die sich vor allem mit dem Studium vergangener Epochen befaßte. Trotz des äußeren Scheins ergänzten sich diese drei Tendenzen eher, als daß sie sich widersprachen.

Der romantische Exotismus entstand nicht aus einer Veränderung der Beziehungen zwischen West und Ost, wie behauptet wurde – übrigens war der orientalische Exotismus nur ein Einzelfall –, sondern aus einer inneren Entwicklung des westlichen Empfindungsvermögens. Er bestand nicht nur aus dem Gefallen an der Fremdartigkeit, sondern auch aus der Betonung des Besonderen, dessen, was am meisten aus dem Bild hervortrat, das man sich von der Fremde gemacht hatte. Die Fremde war immer schon das Merkwürdige gewesen, nun aber begeisterte man sich für das Allermerkwürdigste. Diese Neigung war eine Frucht der Aufklärung; man gefiel sich im Gefolge Rousseaus darin, die Empfindungen, das Individuelle, das Naturhafte, das Unverbildete zu verherrlichen. Die englische Vorromantik mit ihrer Vorliebe für die sogenannte primitive Dichtung hat hier ihre Wurzel, eine Sphäre, die wohl die Interessen von William Jones beeinflußte. Dasselbe gilt für den Sturm und Drang in Deutschland, den Herder (1744–1803) mitbestimmt hat. Er beschäftigte sich unter anderem mit orientalischer Literatur und wies in seinen Aufsätzen zur Universalgeschichte dem muslimischen Beitrag einen wichtigen Platz zu, waren doch die Araber „die Lehrer Europas" gewesen. Doch der Wunsch, die exotischen Welten kennenzulernen und zu verstehen, blieb lange Zeit mit einer universalistischen, klassischen Sicht verbunden, die im Orient wie anderswo vor allem den Menschen aller Orte und aller Zeiten suchte. Die Gedichte Goethes zum Ruhme Mohammeds, insbesondere das wunderbare Gedicht *Mahomets Gesang* von 1774, sind unvergleichlich poetischer als Voltaires *Mahomet* (1742), enthalten aber noch weniger Lokalkolorit. Als Goethe 1819, mehr als vierzig Jahre später, den *West-östlichen Divan* schrieb, mit seinen zwölf *nähme*, seinem einleitenden Aufruf zu einer „Hegire" gegen den Osten, wo der Dichter aus der Quelle Ḥiḍrs (Chiser) neue Jugend schöpfen würde, mit seinen gelehrten Noten und Abhandlungen, den nachgestellten kenntnisreichen Überlegungen zum Orient, mußte er sich, klarsichtig wie immer, dafür entschuldigen, daß „er immer noch an einem eignen Akzent, an einer unbezwinglichen Unbiegsamkeit seiner Landsmannschaft als Fremdling kenntlich" bleibe.[1] Der Orientalist Merx bezeichnete Goethes Orient mit einiger Übertreibung als „eine nichtexistente Phantasmagorie", denn, so sagte es H. Lichtenberger, Goethe „will weder den Osten noch den Westen darstellen, sondern den Menschen, den er hier wie dort intuitiv entdeckt".[2]

Goethe hielt 1819 an der Geisteshaltung einer bereits vergangenen Zeit fest. Die Reaktion gegen den Klassizismus hatte, zunächst in Deutschland, eine unerreichte Intensität erlangt mit den Ideenströmungen, die aus dem Mißerfolg oder dem zwiespältigen Sieg der Französischen Revolution und aus dem erwachenden deutschen Nationalismus hervorgegangen waren. Friedrich Schlegel proklamierte bereits 1800 das Bündnis zwischen Gotik und Orientalistik gegen die Klassik. Im Orient müsse man „das höchste Romantische"[3] suchen, schrieb er und wandte sich Indien zu. Die Überwindung der bürgerlichen Prosa des neuen Zeitalters, das begann, geschah nicht mehr über die klassische Integration ins Universelle; man griff vielmehr zurück auf die Magie der entfesselten Subjektivität, die sich vom Rohen, vom Besonderen, vom Merkwürdigen bezaubern ließ.[4]

Diese Tendenz trug sicher zum neuen Aufschwung der orientalistischen Studien bei, der die Züge einer echten Renaissance[5] annahm und der umgekehrt der Romantik eine Fülle von Material lieferte. Doch die gelehrte Orientalistik wurzelte in den Interessen der Aufklärung. In Europa wandten sich alle jene, die sich seriös in die Sprachen und Kulturen des Nahen Ostens einführen lassen wollten, an die École des langues orientales vivantes in Paris, die im März 1795 vom Konvent geschaffen worden war. Den Anstoß dazu hatte Langlès gegeben, ein Orientalist von sehr umstrittenem Ansehen. Er legte den Akzent vor allem auf den praktischen Nutzen, wobei er aber auch den Beitrag hervorhob, den die orientalischen Sprachen zum „Fortschritt der Literatur und der Wissenschaft" zu liefern vermochten.[6] Zum großen Bahnbrecher wurde paradoxerweise Silvestre de Sacy, ein Legitimist und Jansenist, der den Werten der Vergangenheit verbunden war und der beispielsweise die Linguistik in den Rahmen des abstrakten Universalismus stellte, wie ihn die „allgemeine Grammatik" im Geist von Port-Royal definierte. De Sacy wurde zum Lehrmeister der gesamten europäischen Orientalistik und Paris zum Mekka all jener, die sich auf dem Gebiet der Nahoststudien spezialisieren wollten.[7] Als gewissenhafter, peinlich genauer Philologe, der in seinen Folgerungen extrem vorsichtig war und nichts vorbringen wollte, was sich anhand der Texte nicht einwandfrei beweisen ließ, als Positivist auch erlegte er den Spezialisten in Europa die strenge Askese auf, die ihn der Jansenismus gelehrt hatte. Sein Arbeitsstil ist immer noch der vieler Orientalisten. Die heutige Kritik an dieser Haltung läßt sich bis in die damalige Zeit zurückverfolgen. Die Engstirnigkeit, die sie begünstigte (die aber keineswegs eine zwingende Folge war und der viele seiner begabtesten Schüler zu entgehen wußten), irritierte bereits Volney und später

Renan. Die gelehrte Askese neigte dazu, die Probleme der Vergangenheit von jenen der Gegenwart zu trennen, manchmal auf Kosten des Verständnisses für die Vergangenheit, und sie unterlag oft unbewußt dem Einfluß der allgemeinen Vorstellungen der Umwelt, in der sie geübt wurde. Ihre Ablehnung unvorsichtiger allgemeiner Folgerungen konnte in einem recht sterilen Agnostizismus enden oder dazu führen, daß implizit Ideologien unterstützt wurden, für die das Ansehen eindrucksvoller Gelehrsamkeit oft sogar eine Garantie war. Aber dies war nur die Kehrseite außergewöhnlicher Eigenschaften und Vorteile, die für den wissenschaftlichen Fortschritt unerläßlich waren. Das Mißtrauen, mit dem man um de Sacy die brillanten und eingängigen Synthesen aufnahm, so ungerecht es im Falle gültiger und wichtiger Theorien manchmal erscheinen mochte, war die notwendige Voraussetzung für die Errichtung neuer Strukturen auf solider Grundlage.

Eine andere Voraussetzung war der definitive Bruch mit der Theologie, ein Bruch, den die Stimmung des 18. Jahrhunderts in Frankreich und England bewirkt hatte. Das praktische Interesse an der Ausbildung von Dragomanen[8] in Paris und Wien hatte den Unterricht von den theologischen Ketten befreit. In der Folge wurde in Paris mit revolutionärem Schwung die Schule für orientalische Sprachen gegründet, die unter dem frommen Silvestre de Sacy zum Modell einer wissenschaftlichen und zugleich weltlichen Einrichtung für Orientalistik wurde. In den deutschsprachigen Ländern blieben die Universitäten in den Händen der Theologen, und die weltliche Orientalistik mußte zunächst von Liebhabern gepflegt werden. Unter ihnen stand an erster Stelle der produktive Josef von Hammer-Purgstall (1774–1856), der von der Wiener orientalischen Akademie kam und von Beruf Dolmetscher war, dem es zwar an philologischer Akribie mangelte, der aber in einmaliger Weise zur Verbreitung der Kenntnisse über den Orient beitrug. Er war es, der in Europa die erste Fachzeitschrift für Orientalistik gründete, die *Fundgruben des Orients* (1809–1818), zu der alle europäischen Orientalisten sowie orientalische Gelehrte beitrugen und die ihr Interesse gleichmäßig auf die Vergangenheit und die Gegenwart verteilte.[9]

Diese Rückkehr zur Objektivität, zur undankbaren Arbeit des Spezialisten, lag auf der Linie der tieferen Tendenzen einer Epoche, die dabei war, die wissenschaftliche Forschung gründlich zu organisieren, und zwar in einer Gesellschaft, in der der Kapitalismus eine industrielle Entwicklung ohne Beispiel in Gang setzte. Der Erfolg, den Silvestre de Sacy mit seinem Unterricht in ganz Europa erzielte, zeigt dies deutlich. Ebenso die Entstehung spezialisierter Institutionen. 1821 wurde die Société asiatique de Paris gegründet; 1822 begann sie eine Zeitschrift herauszugeben, das *Journal asiatique.* 1834 entstand das *Journal of the Royal Asiatic Society of Great Britain and Ireland*; die Gesellschaft selbst war 1823 gegründet worden. 1832 ersetzte in Indien eine regelmäßig erscheinende Publikation, das *Journal of the Asiatic Society of Bengal*, die *Asiatic Researches* der Gruppe um William Jones. 1841 kam die Zweiggesellschaft von Bombay mit einer eigenen Zeitschrift heraus. 1842 wurde die *American Oriental Society* ins Leben gerufen, die ebenfalls eine Zeitschrift publizierte. 1847 begann in Leipzig die *Zeitschrift der Deutschen Morgenländischen Gesellschaft* zu erscheinen; diese Gesellschaft war zwei Jahre zuvor gegründet worden. In Rußland hatte die Europäisierung von der zweiten Hälfte des 18. Jahrhunderts an eine gewisse Blüte der Orientalistik bewirkt. Ab 1804 konnte man an der Universität von Charkow, vor allem aber in Kazan, auf muslimischem Boden, die Sprachen des muslimischen Orients erlernen. Das Zentrum von Kazan nahm unter dem Einfluß der Politik Rußlands gegenüber den muslimischen Staatsbürgern rasch einen großen Aufschwung.[10]

So entstand die Orientalistik. Der Ausdruck „Orientalist" erschien in englischer Sprache erstmals gegen 1779, in französischer 1799. 1838 wurde der Ausdruck *orientalisme* in das *Dictionnaire de l'Académie Française* aufgenommen. Der Gedanke eines speziellen Fachs, das sich dem Studium des „Orients" widmete, nahm Gestalt an. Die Fachleute waren noch nicht zahlreich genug, um Gesellschaften oder Zeitschriften zu gründen, die sich ausschließlich einem Land, einem Volk oder einer Region des Orients widmeten. Dagegen umfaßte ihr Horizont sehr oft mehrere Gebiete, die sie unterschiedlich gründlich kannten. Sie wurden deshalb als „Orientalisten" bezeichnet. Die Idee der Orientalistik stand für eine Vertiefung, aber auch für einen Rückzug und einen Bruch. In den zusammenfassenden Werken des 18. Jahrhunderts nahm der Orient seinen Platz neben dem Westen ein – in der universalistischen Sehweise zwei mehr oder weniger genau abgegrenzte Zonen des menschlichen Universums. Man hatte gemerkt, daß man nicht mehr ernsthaft über den Orient sprechen konnte, wenn man sich nicht vorher mit den Originaltexten auseinandersetzte und folglich eine gründliche Kenntnis der einheimischen Sprachen erwarb. Bei der Fülle von Materialien, die nun zur Verfügung standen, erwies sich die hier zu leistende Vorarbeit als gewaltige Aufgabe, welche die Herausgabe und Übersetzung von Texten, die Kompilation von wissenschaftlich konzipierten Wörter- und Grammatikbüchern, die Niederschrift der Ereignisgeschichte und vieles mehr erforderte. Die Fachleute durften zwar ihre allgemeinen Ideen haben, doch mußten sie sie bei ihrer Arbeit soweit wie möglich hintansetzen. Es blieb ihnen wenig Zeit, um sich über die wissenschaftlichen

Strömungen außerhalb ihres Fachbereichs auf dem laufenden zu halten. Die Humanwissenschaften steckten noch in den Kinderschuhen und verfügten über keine präzise Methodologie, die es ihnen ermöglicht hätte, die enorme Masse von gewonnenen Fakten in theoretisch begründeten Synthesen aufzuarbeiten. Die zu allgemein gehaltenen philosophischen Doktrinen erlaubten ihnen dies nicht, sondern bargen höchstens die Gefahr in sich, durch die ihnen manchmal implizite Ideologie die Humanwissenschaften zu beeinflussen.

Die Gründung der orientalistischen Institutionen erfolgte relativ rasch. Im Januar 1829 schrieb Victor Hugo im Vorwort zu seinen *Orientales* (die mit drei Epigraphen von Saʿdī begannen und die eine Reihe von übersetzten arabischen und persischen Gedichten enthielten): „Die orientalischen Studien sind nie zuvor so vorangetrieben worden. Im Zeitalter Ludwigs XIV. war man Hellenist, jetzt ist man Orientalist … Niemals haben so viele intelligente Leute gleichzeitig die unendliche Tiefe Asiens durchwühlt. Wir haben heute für jedes der Idiome des Orients zwischen China und Ägypten einen Fachmann." Die Gelehrten berieten Literaten und Künstler: Hugo etwa erhielt Auskünfte von Ernest Fouinet und Baron von Eckstein oder Goethe von Friedrich von Diez, Georg Wilhelm Lorstach, auch von Silvestre de Sacy.

Selbstverständlich wurde die literarische und künstlerische Auseinandersetzung mit dem Orient von den Ereignissen angeregt, die den muslimischen Orient betrafen, insbesondere auch von der „orientalischen Frage", die eines der großen Probleme der europäischen Politik im 19. Jahrhundert war. Der romantische Exotismus erhielt seinen stärksten Impuls bezeichnenderweise zur Zeit des griechischen Freiheitskampfes, der Byron anzog (er starb 1824 in Griechenland) und der die erste orientalistische Malerei inspirierte – *Le Massacre de Scio* von Delacroix wurde 1824 ausgestellt. Der Orient der Romantiker, dessen Bild sich für lange Zeit im breiten Publikum hielt, war in diesem Gemälde und in den *Orientales* (Hugo schrieb das erste Gedicht dieser Sammlung 1825) bereits vollständig enthalten: ein Übermaß an Farbe, Pracht und barbarischer Wildheit, Harems und Serails, abgehackte Köpfe, Frauen, die in Säcken in den Bosporus geworfen werden, Feluken und Brigantinen, die die Flagge des Halbmonds führen, Rundungen azurner Kuppeln und weiß aufragende Minarette, Odalisken, Eunuchen und Wesire, kühle Quellen unter Palmen, Giaurs[11] mit aufgeschlitzten Kehlen und gefangene Frauen, die den stürmischen Leidenschaften des Siegers preisgegeben sind. Diese farbenprächtigen Bilder befriedigten auf billige Weise die tiefen Instinkte, die verworrene Sinnlichkeit, den unbewußten Masochismus und Sadismus der ruhigen westlichen Bürger, wie es Heine schon erkannte. Selbst wenn die Abendländer in den Orient reisten, so suchten sie dort dieses Bild, wählten unbarmherzig das Spektakuläre aus und übergingen das, was nicht zur vorgefaßten Meinung paßte.

Dieses Bild, von der europäischen Sensibilität ihrer inneren Entwicklung gemäß gefärbt, stand auch für die Wirklichkeit einer Situation. Im 19. Jahrhundert war der muslimische Orient noch ein Feind, aber ein in absehbarer Zeit besiegter Feind. 1853 konnte Nikolaus I. Sir Hamilton Seymour gegenüber vom „kranken Mann, vom schwerkranken Mann" sprechen, den Europa „auf dem Hals" hatte, nämlich das Osmanische Reich. Aber schon lange vorher war an der europäischen Überlegenheit nicht mehr zu zweifeln gewesen. Seit dem 18. Jahrhundert war der Rückzug der Türken in die Balkanländer offenkundig und erreichte mit der Unabhängigkeit Griechenlands das Herzgebiet des Reichs.

Mit der Einnahme Algiers durch die Franzosen im Jahr 1830 und mit der Etablierung der Engländer in Aden im Jahr 1839 setzte die Kolonialisierung ein, ganz zu schweigen vom fernen Indien und von Malaysia, wo die englische Herrschaft nun ebenso gefestigt schien wie jene der Holländer in Indonesien. Der Orient, ganz eindeutig der europäischen Überlegenheit ausgeliefert, auf längere Sicht vielleicht sogar der Europäisierung, rührte nun gerade durch seine Schwäche. Für seine Wildheit hatte man nicht einmal mehr Entrüstung übrig. Es ist leicht und angenehm, dem Feind, der kapituliert, die Ehren zu erweisen. Die Barbarei wurde zu einem Charakteristikum der Sitten, für das man sich gefahrlos begeistern konnte.

Die orientalischen Länder erschienen als die degenerierten Zeugen einer Vergangenheit, für die man schwärmen konnte, während die Politiker und die Geschäftsleute alles taten, um den Verfall noch zu beschleunigen. Der Gedanke, diese Länder wiederaufzurichten, sie zu modernisieren, weckte keine Begeisterung. Das hätte nur den Anstrich von Exotik gefährdet, der doch ihren Reiz ausmachte. Die Dichter, die Künstler und das breite Publikum, deren Urteil diese Länder formten, fürchteten eine solche Aussicht, wie es, aus positiveren Gründen, die Führer aus Politik und Wirtschaft getan hätten, wenn sie denkbar gewesen wäre. Der Orientale, der im Mittelalter zwar ein furchtbarer Feind gewesen war, aber auf derselben Stufe gestanden hatte, der für das 18. Jahrhundert und die aus ihm hervorgegangene Ideologie der Französischen Revolution unter seiner Verkleidung vor allem ein Mensch gewesen war, wurde nun zu einem besonderen Wesen, eingemauert in seine Besonderheit, zu deren Lob man sich gerne herabließ. So entstand die Vorstellung vom *homo islamicus*, die auch heute noch weit davon entfernt ist, erschüttert zu werden.

Der Gedanke, es gebe verschiedene Kulturen, die sich alle in einem eigenen Gebiet entwickeln und ein ureigenes Wesen besitzen, wurde nun allgemein akzeptiert; die Theorie darüber war noch rein philosophischer Art, beeinflußt von der Ära nationalistischer Forderungen in Europa selbst. Die Suche nach dem Wesen dieser Kulturen erkärt, weshalb sich die Gelehrten immer mehr vom Studium der modernen Epochen abwandten und sich auf die „klassischen" Zeitalter spezialisierten, in denen die Kulturen, wie man dachte, ihre „reinsten" Merkmale ausgebildet hatten. Diese Tendenz wurde noch verstärkt von den beiden Humanwissenschaften, die das 19. Jahrhundert mit Vorliebe pflegte: die Religionswissenschaft sowie die historische und vergleichende Sprachwissenschaft. Die Religionswissenschaft, entstanden aus dem Kampf des bürgerlichen relativistischen Pluralismus gegen das weltanschauliche Monopol des Christentums, schrieb dem Studium der orientalischen Religionen als vergangenen oder aktuellen Alternativen zum Christentum große Bedeutung zu. Sie verhalf – mit dem latenten theoretischen Idealismus der Epoche – der Ansicht zum Durchbruch, das Wesen, der tiefe Kern jeder Kultur liege im Religiösen und alles lasse sich davon ausgehend erklären. Und sie war eng verbunden mit der historischen und vergleichenden Sprachwissenschaft, die Franz Bopp (übrigens ein Schüler von Silvestre de Sacy) begründete. Die bedeutenden Entdeckungen dieser Wissenschaft führten auch dazu, daß der Sprache, jeder Sprache, eine zentrale Rolle zugeteilt wurde. Man nahm an, ein Volk stimme mit seiner Sprache überein, es lasse sich durch die Merkmale seiner Sprache definieren. Die Verwandtschaft der Sprachen legte die Verwandtschaft der Seelen der Völker (der „Volksgeister"), ihres tiefsten Wesens nahe, von dem man wiederum annahm, es erkläre alle gesellschaftlichen Phänomene, die in der Geschichte eines Volkes zu erkennen sind. Der biologische Evolutionismus und die neu entstandene Wissenschaft der physischen Anthropologie lenkten die Aufmerksamkeit auf die Einteilung in Rassen, die wegen ihrer wissenschaftlichen, an die Naturwissenschaften angelehnten Arbeitsweise sofort große Beachtung fand. Auch die Rassen wurden als wesentliche, besonders wirksame Faktoren aufgefaßt. Die fortschreitende Spezialisierung konnte indessen einer differenzierten Einschätzung der Beiträge dieser Wissenschaften nur im Wege stehen. Beide wurden von den Fachleuten anderer Disziplinen nur in ihrer populären und mechanistischen Erscheinungsform gesehen. Die Sprachwissenschaftler, denen praktisch das gesamte Studium der orientalischen Kulturen überlassen blieb und die über keine richtige Arbeitstheorie verfügten, es sei denn das Studium der Texte (Textkritik usw.), konnten nichts anderes tun, als in ihrer Einschätzung der historischen und gesellschaftlichen Faktoren der allgemeinen Ausrichtung der Gesellschaft zu folgen, in der sie lebten.

Trotz der enormen von den Spezialisten angehäuften Masse an präzisen Dokumenten und Fakten wurde der Graben zwischen dem Wissen dieser Fachleute und der Realität immer größer. Ihr Wissen war zwar solide, aber konzentriert auf eine kulturelle Ganzheit, die als solche verschwunden war, der man aber dennoch eine unveränderliche verborgene Wirkung zuschrieb. Es orientierte sich an den allgemeinsten Vorstellungen der Epoche, die mit den Erkenntnissen der Religionswissenschaft, der historischen Sprachwissenschaft und der physischen Anthropologie in der popularisierten Form einer unbegrenzten Übertreibung der Wirksamkeit von Religion, Sprache und Rasse einhergingen. Die Probleme des realen, aktuellen Lebens dieser Gesellschaften blieben in weiter Ferne; man überließ das wenig edle Thema der praktischen Beobachtung durch Kaufleute, Reisende, Diplomaten und Wirtschaftler. Während man im 18. Jahrhundert bemüht war, das theoretische Wissen dafür einzusetzen, daß der Praktiker die Gegenwart besser verstand, kann man ganz allgemein sagen, daß die Gelehrten im 19. und zu Beginn des 20. Jahrhunderts mit ihren seltenen Initiativen auf diesem Gebiet mehr schadeten als nützten, denn sie ließen sich von den gängigen Vorurteilen stärker beeinflussen als von ihrer Wissenschaft. Dadurch stürzten sie jene in schwerwiegende Irrtümer, die ihre Ratschläge erbaten und befolgten, beeindruckt von der großen – tatsächlichen, aber begrenzten und zweckgerichteten – Kompetenz der Gelehrten. Dagegen führten die harten Grundsätze, die man beim Textstudium befolgte und die ab 1850 auch von der positivistischen und szientistischen Welle beeinflußt wurden, dazu, daß man äußerst strenge Maßstäbe anlegte, wenn es um das Erfassen von Fakten und die daraus zu ziehenden Schlüsse ging. Die Wirklichkeit wurde aber oft verkannt, insbesondere dann, wenn die Gelehrten glaubten, sie könnten sich auf die allgemeinen Ideen ihrer Gesellschaft verlassen, und sich dann unbewußt darauf stützten, um ihre Anschauungen und Schlüsse zu begründen.

Weniger schematische Vorstellungen von den Ländern des muslimischen Orients hatten vor allem die Politiker, die Techniker und die Wirtschaftler, wenn die Voraussetzungen mehr oder weniger günstig waren; sie faßten sie als Gesellschaften auf, die in Entwicklung begriffen waren und unter bestimmten Voraussetzungen dem Fortschritt offenstanden. So etwa das Ägypten Muḥammad ʿAlīs, das mit seiner antibritischen Politik in Frankreich einige Begeisterung weckte. Der ästhetische Exotismus ließ die meisten seiner Anhänger in der Sehnsucht nach der Vergangenheit und in der Furcht vor einer europäisierenden Modernisierung versinken, regte aber andere auf dem Umweg über ein leidenschaftliches und ehrliches Interesse an den betreffenden Ländern paradoxerweise dazu an, für deren Fortschritt einzutreten und deren zeitgenössischen Bewegungen mehr Aufmerksamkeit zu schenken. Auch da gabelte sich der Weg, verschiedene Richtungen wurden eingeschlagen: die einen stellten sich vor, die gewünschte Entwicklung werde unter der Ägide ihres Heimatlandes erfolgen (wie zu Beginn Lyautey, L. Massignon und T. E. Lawrence), und die anderen traten den Plänen ihres Landes entgegen (wie W. S. Blunt), wobei alle Zwischenstufen möglich waren und manche im Lauf ihres Lebens die Meinung änderten. Diese Stellungnahmen waren an eine oft undifferenzierte apologetische Sicht der Vergangenheit oder der Gegenwart gebunden. Man sah beispielsweise Franzosen aus einer seltsamen Mischung von theoretischem Antikolonialismus und anglophobem Patriotismus ein berückendes Bild vom Sudan des Mahdī zeichnen. Der Einfluß der allgemeinen Ideen jener Zeit veränderte die Auffassungen. So lieferte der englische Dichter W. S. Blunt (1840–1922) mit seinen Plänen für eine Wiederbelebung der arabischen Welt und des Islams durch eine teilweise und angepaßte Rückkehr zu den mittelalterlichen Strukturen sehr wichtiges Material, das von den ersten Theoretikern des muslimischen und arabischen Nationalismus benutzt, assimiliert und übernommen wurde.

Das Phänomen, das die europäische Sicht des Orients vor allem von der Mitte des 19. Jahrhunderts an am stärksten bestimmte, war der Imperialismus. Die wirtschaftliche, technische, militärische, politische und kulturelle Überlegenheit Europas wurde erdrückend, und der Orient verlor sich in der Unterentwicklung. Persien und das Osmanische Reich wurden für alle Fälle zu europäischen Protektoraten gemacht, während sich der Bereich der direkten Kolonisation zugunsten der Russen nach Zentralasien ausdehnte, zugunsten der Engländer, der Franzosen und Italiener in den Maghreb und in den osmanischen Orient, vor allem ab 1881, dem Jahr der Besetzung Ägyptens und Tunesiens. Das alles verstärkte selbstverständlich den seit jeher existierenden natürlichen Eurozentrismus, der nun aber eine besonders verächtliche Färbung annahm. Der unbewußte Eurozentrismus des 18. Jahrhunderts, der sich an der universalistischen Ideologie jener Zeit orientierte, respektierte die außereuropäischen Kulturen und Völker und hob zu Recht in ihrer historischen Entwicklung oder zeitgenössischen Struktur allgemeinmenschliche Züge hervor; er schrieb ihnen aber mit vorkritischer Naivität dieselben Grundlagen zu wie der europäischen Kultur und wollte eine gewisse Besonderheit nur ganz an der Oberfläche sehen. Der bewußte und theoretisch aufgearbeitete Eurozentrismus des 19. Jahrhunderts verfiel dem umgekehrten Irrtum. Die unüberwindliche Besonderheit wurde auf allen Ebenen gesehen, während man die universellen Beweggründe und Züge leugnete oder überging. Die einzig mögliche Universalität sah man in der Übernahme des europäischen Modells mit allen seinen Aspekten. Sie wurde denn auch für notwendig erklärt, doch gleichzeitig beeilte man sich, darauf hinzuweisen, daß die so sehr ausgeprägte Eigentümlichkeit der Nichteuropäer ihr im Wege stehe; auf diese Weise konnte man die Verwirklichung dieses Schrittes auf unbestimmte Zeit verschieben und die exotischen Kulturen vorläufig in ihrem Verfall und in ihrer politischen Bedeutungslosigkeit fixieren.

Die Orientalen selbst schienen im übrigen diese Diagnose, diese Sicht der Dinge zu bestätigen, denn manche von ihnen begannen das europäische Modell unter seinen oberflächlichen Aspekten zu übernehmen, während andere ihm mit totaler Ablehnung begegneten und sich an die archaischsten Werte ihrer Kultur klammerten, obschon diese von innen heraus oft erneuert worden waren. Die heftigen Reaktionen der Massen auf die europäische Besitzergreifung wurden katalogisiert, archaisiert, eternisiert und verunglimpft zugleich als Manifestationen des muslimischen Fanatismus. Die Gelehrten lieferten immer mehr und immer gründlichere Studien über die klassischen Epochen, über die mit der Kultur dieser Epochen am engsten verbundenen Elemente, und sie wiesen mit verständlicher Befriedigung auf all jene hin, die bis in die Gegenwart hinein wirksam geblieben waren; dadurch bürgten sie mit ihrer Gelehrsamkeit oft bewußt oder unbewußt für eine derartige Darstellung der Dinge.[12]

Die demütigende Situation, in der sich die muslimische Welt befand, beflügelte die christlichen Missionare, verschaffte ihnen Wirkungsbereiche. Sie versuchten zum Angriff überzugehen, zur Proselytenmacherei, und ärgerten sich über die Hindernisse, die ihnen einerseits die muslimischen Gesetze, andererseits die Kolonialverwaltungen selbst – welche die Folgen einer allzu eindeutigen Offensive fürchteten – in den Weg legten. Im Rahmen der normalen menschlichen Regungen und sogar in Übereinstimmung mit den allgemeinen Ideen der Wissenschaft ihrer Zeit brachten sie den Erfolg der europäischen Länder mit der christlichen Religion in Zusammenhang und den Rückschlag der muslimischen Welt mit dem Islam. Sie waren der Ansicht, das Christentum begünstige von Natur aus den Fortschritt und der Islam infolgedessen kulturelle Stagnation und Rückständigkeit. Der Angriff gegen den Islam wurde so aggressiv wie nur möglich vorgetragen, und die mittelalterliche Argumentation mit modernisierenden Verzierungen wiederaufgenommen. So führte man da und dort Einzelheiten über die satanische Inspiration des Islams an. Die Katholiken in Frankreich beispielsweise sprachen von einer Verschwörung gegen Fortschritt und Wahrheit, die von der Kirche repräsentiert würden, und hielten fest, sie gehe von einer unter dem Befehl des Teufels stehenden Front aus, zu der zusammen mit den Muslimen die Protestanten, die Briten, die Freimaurer und die Juden gehörten. Die religiösen Bruderschaften der Muslime hielt man insbesondere für gefährliche Organisationen, die sich von einem barbarischen Haß gegen die Zivilisation leiten ließen.[13] Paradoxer- und bezeichnenderweise zogen die Antiklerikalen vom Schlage Voltaires analoge Schlüsse; sie priesen den Hellenismus als eine Kultur, die auf der Willensfreiheit, auf der Verehrung von Vernunft und Schönheit gründete, die vom selben arischen Geist beseelt war wie die Weden, als Quelle europäischer Größe, und sie stellten ihm den semitischen Geist gegenüber, dem sie unduldsame Starre, scholastischen Dogmatismus, fanatischen Fideismus, trägen Fatalismus und Verachtung der bildenden Künste vorwarfen und der für alle Missetaten von Judentum, Christentum und Islam zusammen herhalten mußte.[14]

Der Panislamismus war zur selben Zeit und im selben Sinn wie die ‚Gelbe Gefahr‘ ein modisches Schreckgespenst. Das siegreiche Europa sah in allen Versuchen, seinem Herrschaftsanspruch Widerstand entgegenzusetzen, bösartige Aktivitäten und finstere Verschwörungen, in denen es auf Grund eines konstanten Mechanismus in der Geschichte der Ideologien eine einheitliche Stoßrichtung zu erkennen glaubte, die präzise Ausführung dunkler Absichten mit Hilfe heimtückischer, grausamer, machiavellistischer Methoden. Jede antiimperialistische Manifestation, selbst wenn sie rein lokalen Charakter hatte,[15] wurde dem Panislamismus angelastet. Der Ausdruck selbst evozierte einen Herr-

schaftsanspruch, eine aggressive Ideologie und eine welt-
weite Verschwörung. Diese Sehweise bemächtigte sich des
breiten Publikums in Europa dank der populären Presse und
Literatur sowie dank der Kinderbücher; selbst die Gelehrten
konnten sich ihr nicht ganz entziehen, vor allem dann, wenn
sie sich einmischten und den treibenden Kräften der Kolonialpolitik ihrer Regierungen scheinbar kompetente Ratschläge erteilten. Die an gegenwartsbezogenen Untersuchungen
interessierten Gelehrten, wie etwa der Holländer Snouck
Hurgronje (1857–1936) oder der Deutsche C. H. Becker
(1876–1933), die vom Panislamismus mehr oder weniger
besessen waren und ihn mehr oder weniger differenziert
analysierten, neigten jedoch dazu, in ihm eine im wesentlichen rückschrittliche Reaktion zu sehen.[16] Ohne auf die allgemein verbreiteten Mythen etwas zu geben, hatten sie
doch die Tendenz, in den stark divergierenden und praktisch unorganisierten Strömungen mehr Einheit und Ord-
nung zu sehen, als dies in Wirklichkeit der Fall war. Ihre
Gelehrsamkeit verleitete sie dazu, in diesem Zusammenhang fast ausschließlich auf die (zwar vorhandene, aber
nicht unausweichliche) Gefahr einer schlichten Rückkehr
zum theokratischen Staat der Vergangenheit hinzuweisen
(es gab andere Kräfte, die sie mit ihrer Verachtung entmu-
tigten und herabsetzten und die sich deshalb der archaischen Lösung zuwandten). Kurz, sie ließen sich wiederum
durch ein vom Mittelalter geprägtes Bild beeinflussen, dessen Rahmen wiederum der Kampf zwischen zwei politisch-
ideologischen Komplexen bildete.

Die meisten Fachleute interessierten sich jedoch nicht für
diese Probleme und begnügten sich damit, die geläufigen
Vorstellungen ihres Milieus zu übernehmen, wenn sie sich
außerhalb ihrer wissenschaftlichen Tätigkeit mit derartigen
Fragen zu befassen hatten. Ihre Fachgebiete entwickelten

sich geistig und methodisch nur sehr langsam. Die Vorherrschaft der Sprachwissenschaften im Bereich der Orientstudien hielt weiterhin an. Die wissenschaftlichen Materialien häuften sich. Die Untersuchungsmethoden wurden immer strenger. Die Beziehungen zwischen den Gelehrten vervielfachten sich und wurden organisiert, sogar auf internationaler Ebene, insbesondere dank den internationalen Kongressen der Orientalisten – der erste fand 1873 in Paris statt. Aber trotz alledem waren die Fortschritte auf dem Gebiet der Analyse der Gesellschaften, der Kulturen und der Ideen das Verdienst der persönlichen Einsicht einiger herausragender Gelehrter.

Die allmählich entstehenden Humanwissenschaften änderten an diesem Bild wenig. Die Soziologie, die Psychologie, die Demographie und die Volkswirtschaftslehre waren den meisten auf den muslimischen Orient spezialisierten Wissenschaftlern unbekannt, weshalb sie auch deren Nutzen für ihre eigenen Untersuchungen nicht sehen konnten. Es trifft zu, daß die ersten Soziologen die muslimische Welt als einen Teil ihres Interessengebietes ansahen; doch ging es ihnen entweder um die klassische muslimische Welt oder um die archaischen Sitten und Gebräuche in der modernen muslimischen Welt. Die Soziologen allgemeiner Richtung mußten ihre Informationen von den Islamkennern beziehen und zogen es mit lobenswerter Vorsicht vor, sich nicht zu weit vorzuwagen auf einem Terrain, das sie schlecht kannten. Die Orientalisten, die vorwiegend sprachwissenschaftlich ausgebildet waren, ließen sich zwar manchmal von gewissen Überlegungen der Soziologen beeinflussen, aber sie eigneten sich nie eine spezifische soziologische Ausbildung an. Die Ethnographie der muslimischen Völker war das Gebiet, auf dem sich der Einfluß der neuen Fragestellungen am deutlichsten bemerkbar machte und beachtliche Werke hervorbrachte, etwa jenes von Edmond Doutté (1867–1926) und von Edward Westermarck (1862–1939). Die Beschäftigung mit der zeitgenössischen Entwicklung der muslimischen Länder wurde herablassend den Wirtschaftlern, Journalisten, Diplomaten, Militärs und Liebhabern überlassen, die dazu neigten, in diesen Gesellschaften einzig den archaischen Spuren nachzugehen. Und wenn die Soziologen ihre konkreten empirischen Untersuchungen vornahmen, erforschten sie vor allem die europäisch-amerikanischen Gesellschaften, weil ihnen die notwendige sprachwissenschaftliche Ausbildung fehlte. Seltsamerweise tendierten ebendiese Untersuchungen sogar dazu, zum konkreten Inhalt des Wortes „Soziologie" zu werden.

Weil eine präzise Fragestellung zu den gesellschaftlichen Strukturen und Entwicklungen fehlte, blieb die Geschichtswissenschaft im orientalischen und in anderen Bereichen eine hauptsächlich deskriptive Disziplin. Sie hatte jedoch eine Belebung erfahren durch die strengen Maßstäbe, die Barthold Georg Niebuhr (der Sohn von Carsten Niebuhr, dem Arabienreisenden) und Leopold von Ranke an die Quellenanalyse angelegt hatten. Auf derselben Linie arbeiteten orientalistische Historiker wie Gustav Weil, Aloys Sprenger, Reinhart Dozy und Michele Amari; sie verfuhren streng beim Erfassen der Fakten, gingen an die geschichtlich wirksamen Faktoren als Agnostiker heran und waren in Wirklichkeit in ihrem Verständnis des Ereignisablaufs beeinflußt von den allgemeinen Vorstellungen ihrer Zeit. So war Sprenger (der die Geschichte von Leben und Lehren des Propheten kritisch überarbeitete) beeinflußt vom Hegelschen Begriff „Zeitgeist". Alfred von Kremer (1828–1889) war ohne Zweifel der erste Fachmann, der versuchte, die Geschichte des Islams als eine Ganzheit aufzufassen. Er stützte seine Darstellung auf die Lehre vom Einfluß der jeweils vorherrschenden Ideen, die „den Schlüssel" böte „zum Verständnis des religiösen und sozialen Systems des Islams".[17] Die meisten Spezialisten blieben aber so oder so der – oft impliziten – allgemeinen Vorstellung von der Vorherrschaft des religiösen und, allgemeiner, ideellen Faktors treu. Die französische Historikerschule der Jahre 1820–1850, deren historische Analyse auf der internen Dynamik der Kämpfe zwischen sozialen Gruppen gründete, blieb ohne Einfluß auf die Orientalistik, wo man sich eher mit den Kämpfen zwischen „Rassen" und auch Religionen befaßte (wobei beispielsweise A. Thierry diese Kämpfe mit den erstgenannten in Verbindung brachte). So wurde das Schisma im allgemeinen als eine Reaktion des persischen, arischen Geistes auf den semitischen Islam interpretiert.

Indessen untersuchte der Philologe Hubert Grimme (1864–1942) unter dem Eindruck der sozialen Auseinandersetzungen seiner Zeit als erster den Einfluß gesellschaftlicher Faktoren auf das Leben Mohammeds, wenn auch auf viel zu summarische Weise. Der Theologe Julius Wellhausen (1844–1918), der bereits bekannt war wegen seiner Thesen zur Bibelkritik und zur Geschichte des alten Israel, wies in den zahlreichen religiösen Spaltungen und den sich rasch ablösenden Dynastien im frühen Islam eine Dynamik von politischen und sozialen Kämpfen nach. C. H. Becker schlug denselben Weg ein, und Leone Caetani (1869–1935) ging einen Schritt weiter, indem er die wirtschaftlichen Faktoren miteinbezog. Zu Beginn des 20. Jahrhunderts gab es also unter dem Einfluß der allgemeinen Interessen der Zeit die Tendenz, den gewohnten eklektischen Positivismus ins Wanken zu bringen, nicht zugunsten einer allgemeinen Theorie über soziale Struktur und Dynamik, sondern einfach um die im zeitgenössischen Europa vorherrschenden Faktoren zu transponieren und hervorzuheben. Die meisten Fachleute reagierten auf diese Versuche, die oft exzessiv ausfielen und Angriffsflächen boten, eher skeptisch. Sie verharrten in einem vorsichtigen Agnostizismus.

8. *Die Erschütterung des europäischen Ethnozentrismus*

Der Erste Weltkrieg erschütterte in manchen Bereichen das Selbstvertrauen der europäischen Zivilisation, ihren Glauben an einen unbegrenzten Fortschritt entlang denselben Linien und daher auch den europäischen Ethnozentrismus. Der arabische Aufstand im Orient, wenn auch kanalisiert, die kemalistische Bewegung, die Bewegung, welche die allochthonen Nationen des alten russischen Reichs erfaßte, die Aufstände in Indien, Indonesien und anderswo, all diese im Gefolge der jungtürkischen und der persischen Revolution der Jahre 1905–1914 erfolgten Ereignisse machten deutlich, daß die europäische Hegemonie in Frage gestellt werden konnte. Die Erklärung dafür suchte man natürlich in einer arglistigen Verschwörung gegen das Gute, die im russischen Bolschewismus für ihre freimaurerischen Teufeleien und ihre jüdische, katholische oder protestantische (je nach Bedarf) Niedertracht eine willkommene Unterstützung fand. Gleich nach dem Krieg erschien Oswald Spenglers blendendes Werk *Der Untergang des Abendlandes* (1918–1922). Eine spezifische Arbeit war jene des Amerikaners Th. Lothrop Stoddard, *The Rising Tide of Color against White World Supremacy* (1920); derselbe Autor publizierte ein Werk mit dem bezeichnenden Titel *The New World of Islam* (1921). Dieser Publizist, ein gut unterrichteter Nichtfachmann, zeigte, ohne seine rassistische Grundhaltung zu verleugnen, daß es überall zu tiefgreifenden Veränderungen gekommen war, die „einen merkwürdigen neuen Orient" schufen, „zu einem großen Teil das Produkt westlicher Einflüsse".[1] Das Bild, das er entwarf, war im Grunde das Bild einer Welt, die sich um einen mysteriösen Kern herum gruppierte, der grundsätzlich verschieden war, feindlich, ein wenig abstoßend, gegründet auf eine Unwissenheit und eine Wildheit, die von den Banden der Religion und der Bräuche sowie von einer kleinen aufgeklärten Elite mühsam in Schach gehalten wurden.[2] Bei näherem Hinsehen erwiesen sich indessen die von ihm beschriebenen Faktoren als genau dieselben, die in der Geschichte des Westens am Werk waren: Kampf gegen fremde Unterdrückung oder Einmischung, benachteiligte soziale Schichten, die nach einem besseren Leben strebten, und all das durch die Ideologien übersetzt und übertragen.

Dies blieb im großen und ganzen die Sicht des breiten Publikums in Europa und Amerika (und auch der meisten Fachleute), nur daß man den Akzent eher auf die latente und schlecht beherrschte Wildheit setzte, auf den entfesselten Fanatismus, der sich der zivilisatorischen Energie des Westens entgegenstemmte.

Diese Erschütterung blieb denn auch nicht ohne Folgen. Man kann in der Person und im Werk von Thomas Edward Lawrence (1888–1935) die dramatische Konfrontation eines romantischen Exotismus mit einer Realität sehen, deren universelle Dimensionen empirisch zwar erfaßt wurden, die aber noch den Reiz des Lokalkolorits aufwies. Der Exotismus konnte manchmal ein tieferes Verständnis wecken für die Bestrebungen der Einheimischen, wie etwa bei den turkophilen Anhängern eines Pierre Loti. Aber öfter waren die Antikolonialisten universalistische Geister, die sich für die Vergangenheit oder für die spezifischen Züge der Gegenwart, die man als Spuren einer barbarischen Zeit auslöschen wollte, wenig interessierten. Unter dem Einfluß des Exotismus versuchten die Exponenten der Kolonialpolitik eher, die archaischen Charakteristika zu bewahren, sich mit den einheimischen konservativen Kräften zu verbinden und die nationalistischen Intellektuellen, ob sie nun Reformisten oder Revolutionäre sozialistischer oder nichtsozialistischer Tendenz waren, zu verunglimpfen als fade Nachahmer Europas, die infolge abstrakter und schlecht verstandener Ideen dabei seien, das eigene Erbe zu vernichten. Im allgemeinen war dies auch die Meinung der breiten Öffentlichkeit. Die Modernisierung galt als ein unechtes Element, als ein Verrat an der Eigenart. In diesem Zusammenhang sind auch die Esoteriker zu erwähnen, die im islamischen, wie etwa im buddhistischen, Orient das Vorbild eines weisen Lebens suchten, den Kontakt mit übersinnlichen Wirklichkeiten und die Geheimnisse der Vorfahren, die in der Nachkommenschaft von Eingeweihten überliefert worden waren. Weit davon entfernt, die muslimischen Bruderschaften als Teufelswerk zu interpretieren, sahen sie in ihnen vielmehr die Zellen, in denen die theosophische Tradition der Vorfahren weitergegeben wurde. Einige traten zum Islam über und starben auf muslimischem Boden wie etwa René Guénon (1886–1951). In Europa und in Amerika führte diese Geisteshaltung, diese märchenhafte Vision eines esoterischen Islams zur erfolgreichen Gründung zahlreicher Sekten, die sich mehr oder weniger vom Islam herleiteten und, infolge aller möglichen Mißverständnisse, sogar vom orthodoxen Islam oder von einer Religion wie dem Behaismus.

Das dissidente Element, das Schisma Europas, das marxistische Rußland trug zur Sicht des antikolonialistischen Liberalismus, der ein Erbe der Ideen der Französischen Revolution war, nur einige Nuancen bei. Die unwichtige Rolle, die der ideologisierte und institutionalisierte Vulgärmarxismus dem ideologischen Überbau zuschrieb, ließ die muslimische Welt einfach als einen Teil der unterentwickelten Welt erscheinen, die vom europäischen Kapitalismus unterdrückt und ausgebeutet wurde. Man war der Ansicht, die Muslime gehorchten genau denselben Beweggründen wie alle anderen Menschen und hätten auch „feudale" oder bürgerliche Unterdrücker unter sich, die das Volk ausbeuteten; dieses sei aber genauso wie andere Völker fähig, sich zu erheben, wenn die „Vorurteile", die seiner Einsicht im Wege stünden, einmal verschwinden würden. Diese „Bewußtwerdung" erfolgte dann zwangsläufig über die von Natur aus innovatorischen Kräfte, die das einheimische Proletariat hervorbrächte. Wegen der extremen Schwäche des industriellen Proletariats in den fraglichen Ländern fiele diese Aufgabe an erster Stelle den winzigen, von den kommunistischen Parteien gebildeten Zellen zu, die nichtsdestoweniger die Essenz des theoretischen und strategischen Denkens des Weltproletariats verkörpern sollten. Für die Kommunisten der fortgeschrittenen westlichen Länder (vor allem natürlich jener mit Kolonialbesitz), die unter dem Einfluß der allgemeinen Vorstellungen ihrer Umgebung standen, wurden die Muslime von dem ihrer Religion eigenen Fanatismus in der kulturellen Rückständigkeit festgehalten. Ohne Zweifel würden sie eines Tages „aufgeklärt" sein, aber bis diese in weiter Ferne liegende Bewußtwerdung eintrat, lag die revolutionäre Aufgabe, selbst in den muslimischen Ländern, in den Händen der europäischen Elite.[3]

In der Sowjetunion waren die Muslime für die russischen kommunistischen Führer schlicht Leute, die von rückständigen Voruteilen besonders stark beeinflußt waren. Um sie zu verstehen, mußte man sich vor allem davor hüten, unter dem Einfluß des Exotismus mitzufühlen.[4] Sobald die „feudalen" und bürgerlichen Elemente zerstört und die für eine sozialistische Wirtschaft notwendigen Grundlagen geschaf-

fen wären, könnten diese Vorurteile mit Hilfe des aufgeklärten „großen Bruders" aus Rußland, der auf diesem Weg
schon weiter vorangekommen war, allmählich abgebaut
werden. Der Islam war eine Religion wie alle anderen, die
man bekämpfen mußte, wenn auch der Gedanke von Über-
gangsphasen, von taktischer Rücksichtnahme im Kampf gegen die Religion auftauchte. Die nationalen Kulturen der
muslimischen Völker existierten und mußten unter ihren
gültigen Aspekten erhalten, das heißt mit einem sozialistischen Inhalt belebt und von allen religiösen Bezügen gerei-
nigt werden.

Elemente einer nuancierteren Sicht tauchten sehr früh
auf, hatten aber Mühe, sich explizit und theoretisch zu manifestieren. Schon in den Anfängen des sowjetischen Regi-
mes stellte der tatarische Kommunist Sultan Galiew (geboren gegen 1880, gestorben nach 1940) die muslimische Welt
als besonders geeignet dar, um gerade auf Grund ihrer muslimischen Eigenart (die man also keineswegs bekämpfen
oder zerstören mußte) die kommunistische Ideologie aufzu-
nehmen und zu verbreiten. Er wurde brutal unterdrückt.[5]
Seine Ideen wurden außerhalb der Sowjetunion von einigen
Kommunisten in muslimischen Ländern, vor allem in Indonesien und in der arabischen Region, furchtsam und sehr
langsam wieder aufgegriffen. Und ein bedeutender Teil der
Anhänger dieser Ideen ließ dann noch die Demarkationsli-
nie der kommunistischen Welt hinter sich und wurde zu Na-
tionalisten marxistischer oder einfach sozialistischer Prä-
gung.[6]

Die unwiderstehliche Flut der Entkolonisierungsbewe-
gung bewirkte in kleinen, aber einflußreichen Kreisen der
westlichen Welt eine Veränderung im Bild der muslimischen
Welt. Die Unabhängigkeitsbewegung unter ihren rein nationalistischen Aspekten, verkörpert von Muslimen aus den

höheren Gesellschaftsschichten, die sich dem Westen anzupassen und die dynamischen und eroberungslustigen Eigenschaften des freien Unternehmertums zu erwerben wünschten, stieß in den politisch oder wirtschaftlich führenden Kreisen des Westens auf viel Sympathie. Ein gewisser kapitalistischer Universalismus sah in den Muslimen homologe Menschen, die man ebenfalls auf den Weg der Entwicklung bringen konnte, dem Europa und das weiße Amerika seit dem 19. Jahrhundert folgten. 1945 schrieb die Engländerin Freya Stark ein Buch mit dem bezeichnenden Titel *East is West*, das sie „ihren Brüdern, den jungen Effendis" widmete und dessen Haltung dem Imperialismus und Exotismus Kiplings entgegengesetzt war. Natürlich schloß diese Haltung die Berücksichtigung lokaler Besonderheiten nicht aus, aber sie galten als zweitrangig. Die Autorin betrachtete den Islam als eine Religion wie jede andere, die ihren Anhängern eine spirituelle Lebensgrundlage bot, sie in ihrer wirtschaftlichen Aktivität aber nicht behindern durfte und als Bollwerk gegen die Verwüstungen der atheistischen kommunistischen Ideologie dienen konnte.

Die linke antikolonialistische Ideologie schlug einen ganz anderen Weg ein. Der Universalismus, der ihren liberalen oder sozialistischen Wurzeln entsprossen war, neigte umgekehrt dazu, sich in Anerkennung, dann sogar in Lob der Eigenart zu verwandeln. Er übertrug seine Vision einer elementaren, ausgenutzten, unterdrückten und brutalen Kraft, welche die alte Welt des Elends und der Beherrschung endgültig zum Einstürzen bringen sollte, auf die Dritte Welt. Deshalb zollte man den eigenständigen Werten dieser Völker Bewunderung, selbst wenn man in ihnen infolge ganz normaler Mißverständnisse dieselben – wenn auch eine besondere Erscheinungsform annehmenden – Werte zu entdecken glaubte, welche die betreffenden europäischen Kreise animierten. Für einige der Engagiertesten unter ihnen erschien der Islam als eine von Natur aus „progressive" Kraft. Es gab sogar Übertritte zum Islam

Besonders eindrucksvolle Formen nahm diese Tendenz bei einer Gruppe von linken Katholiken an, an deren Spitze ein hochgelehrter Fachmann stand, nämlich Louis Massignon (1883–1962). Durchdrungen von einer mystischen Geschichtsauffassung, von dem in der christlichen Tradition liegenden Wunsch, sich den Armen und den Gedemütigten zu widmen, trieb er die latente Strömung des Christentums der neueren Zeit, die am stärksten und klarsten in der katholischen Kirche vertreten wurde, an die äußerste Grenze. Die Bedrohung durch den Atheismus, die Revision der herkömmlichen Standpunkte, deren Verantwortung für die Entfremdung der westlichen Bevölkerung vom Christentum offenkundig schien, die Rückkehr zu den fundamentalen und ursprünglichen Werten des Christentums, all das brachte eher ein Gefühl der Solidarität als der Feindseligkeit gegenüber anderen Religionen hervor. Die ökumenische Bewegung gab zwar ihren Anspruch, im Besitz der ganzen Wahrheit zu sein und die Irregeleiteten nach und nach zu ihr zurückzuführen, nicht auf, doch verzichtete sie darauf, außerhalb des geistlichen Bereichs Druck auszuüben und anerkannte die Andersgläubigen als Gesprächspartner, als mögliche Verbündete, als Menschen guten Willens mit achtbaren Werten; es waren nicht mehr vom Teufel inspirierte feindliche Kräfte, die es zu besiegen galt. Im Oktober 1965 würdigte das Zweite Vatikanische Konzil die „Wahrheiten", die der Islam in bezug auf Gott und seine Macht, auf Jesus, Maria, die Propheten und die Apostel übermittelt habe. Im Mittelalter war man der Ansicht gewesen, diese „Wahrheiten" seien eine Tarnung, unter der sich der fundamentale Betrug des Islams leichter vollziehen lasse; nun räumte man im Gegenteil ein, die „Irrtümer" des Islams seien von mehr oder weniger zweitrangiger Bedeutung angesichts seiner grundlegenden monotheistischen Botschaft.

Diese ideologische Wendung ließ die Beurteilung Mohammeds durch die Christen zu einem delikaten Problem werden. Es war nicht mehr möglich, in ihm wie im Mittelalter einfach einen teuflischen Betrüger zu sehen. Die Mehrheit der christlichen Theoretiker, die sich mit diesem Problem befaßten, hielt sich in ihrer Einschätzung vorsichtig zurück, während gewisse katholische Fachleute für den Islam in Mohammed ein „religiöses Genie" sahen. Andere gingen weiter und fragten sich, ob er nicht, in einem gewissen Sinn, ein echter Prophet gewesen sei, denn auch der Heilige Thomas von Aquin spreche von einer Art von Weisungsprophetie, die nicht unbedingt mit Unfehlbarkeit einhergehen müsse.[7] Manche Christen ließen sich wie Massignon vom Glaubensgehalt des religiösen Lebens im Islam beeindrucken und nahmen gleichzeitig Anstoß an den Ungerechtigkeiten, die das Christentum in der Vergangenheit gegenüber dem Islam als Religion, dann aber auch als Gemeinschaft unterdrückter und verachteter Völker begangen hatte; und sie benutzten Formulierungen, die ihnen von seiten der empörten Integristen den Vorwurf des Synkretismus, der „islamfreundlichen Ketzerei" eintrugen.[8]

Die antikolonialistische Linke, ob christlich oder nicht, unternahm es mithin oft, den Islam und die zeitgenössischen Ideologien der muslimischen Welt zu heiligen und fiel dadurch von einem Extrem ins andere. Im Bereich der Geschichte beispielsweise ging Norman Daniel so weit, jede Kritik an der moralischen Haltung des Propheten einer von mittelalterlichem oder imperialistischem Geist erfüllten Vorstellung zuzuordnen und jedem Versuch, den Islam und seine Merkmale mit den üblichen Mechanismen der Menschheitsgeschichte zu erklären, derartige Tendenzen zum Vorwurf zu machen. Vom Verständnis ging man zur reinen Apologie über. Der Überschwang der Vertreter dieses Meinungsbereichs wurde einzig dadurch gemildert, daß manche von ihnen dazu neigten, sich in einem zuweilen ebenso übertriebenen Ton für andere ethnische, quasi ethnische oder religiöse Gruppen zu begeistern, mit denen sich die muslimische Welt in einem Konflikt befunden hatte oder immer noch befand, an erster Stelle die Schwarzafrikaner und die Juden.

Die große Versöhnung stieß auch bei gewissen Kreisen in Europa und Amerika auf Widerstand. Zu ihnen gehörten zunächst die eben erwähnten Elemente, dann die christlichen Integristen, die im allgemeinen rechts standen, sich den mittelalterlichen und/oder imperialistischen Vorstellungen verbunden fühlten und entschlossen waren, die christliche und europäische Kultur gegen die steigende Flut der muslimischen Barbarei zu verteidigen. Die Fachleute verhielten sich entweder gleichgültig oder vertraten die verschiedenen Strömungen mit allen ihren Nuancen.

Der Einfluß der neuen Fragestellungen der Humanwissenschaften machte sich schließlich auch bei den Orientstudien bemerkbar. Immer mehr Fachleute, ob sie sich nun auf die muslimische Welt des Mittelalters oder auf jene neuerer Epochen konzentrierten, untersuchten die Probleme unter dem soziologischen Blickwinkel.[9] Die Wirtschaftsgeschichte und die Sozialgeschichte, die lange vernachlässigt worden waren, wurden nun endlich von einer immer größeren Zahl von Fachleuten gepflegt.[10] Im ganzen Bereich der Islamstudien zeichnete sich das Bestreben ab, über die rein sprachwissenschaftliche Arbeit hinauszugehen und in Teilbereichen zu synthetischen Vorstellungen zu gelangen, die nicht mehr einfach vom gesunden Menschenverstand oder von allgemeinen Ideen philosophischer Art inspiriert waren, sondern von den Ergebnissen, welche Forscher zu einer bestimmten Gruppe von sozialen Erscheinungen vorlegten: Historiker aus verschiedenen Spezialgebieten, Demographen, Wirtschaftler, Soziologen usw.

Parallel dazu vervielfachten sich die Kontakte mit den einheimischen Fachleuten. Lange Zeit war hier die kleine Zahl von echten Spezialisten, die sich von der mittelalterlichen Arbeits- und Denkweise gelöst hatten, ein Haupthemmnis gewesen. Der einheimische Mitarbeiter lieferte oft einfach Auskünfte, und sein Beitrag mußte von den europäischen Gelehrten völlig neu überdacht werden. Die sozialen Hindernisse, die der Bildung von wirklich spezialisierten Arbeitsgruppen im Wege standen, waren einerseits in der kolonialen Situation des muslimischen Orients begründet, andererseits in sozialen und kulturellen Traditionen.[11] Diese Schwierigkeiten konnten teilweise überwunden werden. Andere tauchten auf, hauptsächlich deshalb, weil im muslimischen Orient, der sich in einer Phase des aktiven Kampfs gegen die Spuren und Folgen der europäischen Hegemonie befand, in ideologischer Hinsicht energisch Stellung bezogen wurde. Derartige Auseinandersetzungen begünstigten den ideologischen Extremismus enorm. Die europäischen Gelehrten begegneten ihm oft mit Argwohn, verstanden seine Beweggründe nicht immer und vergaßen die ideologischen Komponenten ihres eigenen Urteils. Das Hindernis war real vorhanden, selbst wenn es sich leicht überwinden ließ, sobald es um Untersuchungen über beschränkte, ganz präzise Themen ging, die nicht allzusehr an die religiöse oder nationalistische Ideologie rührten.[12]

Eine andere sehr deutliche allgemeine Tendenz bestand darin, daß man sich mehr als zuvor für das interessierte, was man verächtlich die „minderen Epochen" genannt hatte.[13]

Ein kultureller Essentialismus, der die Vorherrschaft der Religion hervorhob, manchmal auch jene der „Rasse", der davon ausging, es gebe für jede Kultur ein dauerhaftes „reines" Modell, hatte dazu geführt, daß man sich bevorzugt mit dem muslimischen Mittelalter befaßte. Der Einfluß der wirtschaftlichen und sozialen Studien, der soziologischen Ausrichtung, die Beziehungen zu den Wirtschaftlern, den Demographen oder den Anthropologen zeigten nun, daß es ebenso wichtig war, sich mit den neueren Epochen zu beschäftigen, zu denen außerdem ein sehr viel umfangreicheres Material vorlag. Man erinnerte sich unter anderem daran, daß das Osmanische Reich, das Persien der Şafawiden und der Staat der Großmoguln einen gewissen Kulminationspunkt des Islams dargestellt hatten.[14] Selbst die Zeit der engen Verbindungen mit dem Westen, die Zeit der Geburt der modernen Ideologien warf Fragen auf, die man ihrer relativen Modernität wegen nicht übergehen oder geringschätzen durfte.

Wie in anderen Humanwissenschaften sah man ein, daß es notwendig war, die Probleme abzugrenzen, zu erläutern und von allen möglichen Seiten zu beleuchten, was eine Koordination zwischen vielen Disziplinen verlangte und eine künstliche Hierarchie von edlen und unedlen Fächern ausschloß. Der Hang, möglichst gut bearbeitetes und gut präsentiertes Material anzuhäufen und in Registern und Listen zu erfassen – ein Hang, der übrigens nie für sich allein bestanden hatte –, machte einer Tendenz zur vernünftigen Erläuterung der Probleme Platz. Beides hat Vor- und Nachteile. Der asketischen Strenge, die leicht zu einer Einengung der Horizonte führen konnte, folgten großzügigere Visionen, die manchmal in unzusammenhängendes Geschwätz ausmündeten – eine Entwicklung, welche die unerläßliche Editionsarbeit auf bedauerliche Weise gefährden kann, warten doch grundlegende Dokumente in erdrückender Zahl darauf, herausgegeben, analysiert und registriert zu werden. Es ist zwar richtig, daß die moderne Technik hoffen läßt, man könne all dieses Material zumindest etwas rascher aufarbeiten.

Man hat auch schon vom Ende der Orientalistik gesprochen. Eine Frage, die sehr sorgfältig zu prüfen ist. Es gibt keine orientalistische „Wissenschaft", deren Grenzen von Gott oder durch die Natur der Dinge festgelegt worden wären. Das einzige, was es gibt, ist eine Vielzahl von Fragen, die in den Zuständigkeitsbereich mehrerer allgemeiner Disziplinen fallen und die von verschiedenen Erscheinungen aufgeworfen werden, welche sich in bestimmten Ländern manifestieren; und diese Länder hat man früher, in einer fragwürdigen Abtrennung, unter dem Namen Orient zusammengefaßt. Dagegen kann man vom Ende der Vorherrschaft der Philologie sprechen. Die stillschweigend akzeptierte Vorstellung, welche die orientalischen Studien seit mehr als einem Jahrhundert beherrscht hat, wird langsam fallengelassen. Man war nämlich der Meinung gewesen, eine philologische Ausbildung genüge, um sämtliche Fragen, die in dem sprachlich abgegrenzten Studiengebiet auftauchten, auf kompetente Weise behandeln zu können. Diese Vorstellung – sie ist rational gesehen unhaltbar – ergab sich aus der zwingenden Notwendigkeit einer sprachwissenschaftlichen Vorbereitung, wenn man sich mit diesem Gebiet wissenschaftlich ernsthaft auseinandersetzen wollte. Das Anwachsen des zugänglichen Materials, die Vervielfältigung der Arbeitsinstrumente sowie die verbesserten Untersuchungsmethoden erlauben es nun, die sprachwissenschaftliche Etappe zwar nicht auszulassen, aber doch weniger Zeit dafür aufzuwenden. Der Aufschwung der Humanwissenschaften hat auch die Komplexität der Probleme gezeigt, die sich nicht einfach mit Hilfe einer gründlichen Sprachkenntnis, des gesunden Menschenverstands und eventuell der Inspiration durch sehr allgemeine philosophische Ideen lösen ließen. Die Arbeit auf dem Gebiet der orientalischen und insbesondere der islamischen Studien ist also schwieriger und weniger spezifisch geworden. Die Kontakte mit anderen Disziplinen sind vom Luxus, der sie einmal waren, zu einer zwingenden Notwendigkeit geworden. Es kündigen sich eindrückliche Fortschritte an. Der Preis, den wir dafür bezahlen sollen, ist nicht zu hoch.

Die arabischen und islamischen Studien in Europa

Vortrag, am 16. Juni 1976 in Leiden gehalten

Einleitung

Die Forschungstätigkeit auf dem Gebiet der arabischen und islamischen Studien in Europa scheint auf den ersten Blick von sehr großer Vielfalt zu sein. Der Forscher hat in den meisten Fällen das deutliche Gefühl, sein Vorgehen unterscheide sich von dem seines Kollegen. Indes, prüft man das Bild dieser Aktivitäten aus einer gewissen Distanz, dann kann man nicht umhin festzustellen, daß sie alle eine gemeinsame historische Grundlage haben und Probleme vorlegen, denen Situation und Ausrichtung gemeinsam sind.

Diese gemeinsamen Merkmale sind das Ergebnis mehrerer Faktoren, die ich wie folgt unterteilen möchte:

1. Die objektiven Zwänge, denen eine gewisse allgemeinmenschliche Tendenz unterliegt. Diese allgemeinmenschliche Tendenz muß man zur Kenntnis nehmen, wie immer man sie erklären mag. Man kann sie in den verschiedensten Gesellschaften, sogar in deren Embryonalstadium, feststellen. Es ist der Hang zum Studium der Gesellschaften und Kulturen. Die fraglichen Zwänge sind abhängig von den sozialen Notwendigkeiten der einzelnen Gesellschaft (im vorliegenden Fall gibt es Notwendigkeiten, die allen europäischen Gesellschaften gemeinsam sind); ferner von dem allgemeinen geistigen Rahmen wissenschaftlicher Tätigkeit in den europäischen Gesellschaften (auch er ist zu einem guten Teil allen gemeinsam); und schließlich von den in der

einzelnen Gesellschaft geschaffenen Institutionen, innerhalb derer diese Tätigkeit ausgeübt werden kann (parallele Institutionen in ganz Europa).

2. Die dominierenden inneren Tendenzen von Mentalität und Sensibilität in der beobachtenden Gesellschaft, hier in der europäischen Gesellschaft. Man kann diese Tendenzen als diffuse Ideologien bezeichnen. In ganz Europa läßt sich auch hier entlang den großen Linien eine gemeinsame Entwicklung feststellen.

3. Die wechselnden Situationen, in denen sich die beobachtende gegenüber der beobachteten Gesellschaft befindet. Auch hier hat es für ganz Europa eine parallele Entwicklung gegeben.

Ferner erkennt man auf diesem gemeinsamen Hintergrund recht leicht nationale Züge. An deren Basis findet man je nach Land unterschiedliche soziale Notwendigkeiten; ferner spezifische nationale Ausprägungen der Institutionen für Unterricht und Forschung sowie, im ganzen gesehen, des wissenschaftlichen Geistes; dann auch Tendenzen, die spezifisch sind für die Mentalität und Sensibilität eines jeden Landes, daher auch unterschiedliche diffuse und explizite Ideologien; und schließlich die je nach Land unterschiedliche Situation in bezug auf den muslimischen Orient (politische Beziehungen, Handelsbeziehungen usw.).

Dieser ganze (Europa gemeinsame oder nationale) Partikularismus tut meiner Meinung nach der Vorstellung von einer universell gültigen idealen wissenschaftlichen Methode keinen Abbruch. Aber die vollständige Erfüllung ihrer Voraussetzungen ist eine Asymptote; man entdeckt die Beschränktheit vorangegangener Realisierungen, die Voraussetzungen, die nicht erfüllt worden sind, erst nach und nach. Diese Entdeckung und diese Realisierung sind abhängig von den sozialen Situationen und von den Tendenzen der öffentlichen Mentalität oder der diffusen Ideologien (denen sich der Wissenschaftler nicht entziehen kann), die immer neue Hindernisse oder neue Möglichkeiten vor sich hinstellen.

Es ist besser, sich dieser Bedingungen bewußt zu werden, wenigstens jener, die sich nicht jeder *aktuellen* Möglichkeit der Bewußtwerdung entziehen.

1. Die anfängliche Richtung: die traditionelle Orientalistik

Die Situation und die Strömungen von heute haben ihren Ursprung in einem relativ zusammenhängenden Denksystem. Ich weiß nicht, ob es angezeigt ist, dieses System als *Episteme* zu bezeichnen, wie es Michel Foucault für mehr oder weniger analoge Systeme vorschlägt. Dieses gemeinsame Denksystem oder diese gemeinsame wissenschaftliche Haltung hat im 19. Jahrhundert unter verschiedenen Einflüssen Gestalt angenommen.

In erster Linie war da die Entwicklung der wissenschaftlichen Forschung auf dem Gebiet der Humanwissenschaften, eine Entwicklung, die mit dem Fortschritt wissenschaftlicher Arbeit in allen Bereichen einherging. Hier wie anderswo stellt man fest, daß Anzahl und Spezialisierung der Einrichtungen für Forschung und Unterricht zunahmen und daß nach immer größerer Genauigkeit und Objektivität gestrebt wurde.

Ein sehr wichtiger allgemeiner Faktor war auch das Bestreben, den griechisch-römischen Humanismus zu erweitern, indem man die klassischen Modellkulturen durch andere Kulturen ergänzte, die zu einer Quelle der Inspiration, der Nachahmung und der Bezugnahme wurden. Dieses allgemeine Bestreben war aus der Vorromantik und aus der

Romantik hervorgegangen, das heißt aus einem grundlegenden Umschwung in der europäischen Sensibilität und Mentalität. Wie man weiß, richtete sich diese romantische Strömung auf das Spezifische aus, auf die Erforschung des „nationalen Geistes" mit seiner Besonderheit, seinem Lokalkolorit usw. Es war dies eine Reaktion auf den Universalismus des 18. Jahrhunderts, der sich auf die universelle Bedeutung des griechisch-römischen Modells stützte. Selbstverständlich blieb trotz dieses Umschwungs die Basis der früheren Studien und Ansichten über den muslimischen Orient erhalten.

Zu unterstreichen ist auch der Einfluß der konkreten Beziehungen zum muslimischen Orient, die leichter, enger und intensiver geworden waren, wobei sich die bereits feststehende militärische, wirtschaftliche, politische usw. Überlegenheit des Westens immer deutlicher bestätigte.

Die allgemeine wissenschaftliche Haltung der traditionellen Orientalistik scheint mir wie jene aller anderen Zweige der damaligen Wissenschaft hauptsächlich durch das charakterisiert, was ich eine methodologische Bescheidenheit nennen möchte. Man war mißtrauisch gegenüber Verallgemeinerungen, die man immer für verfrüht hielt, wie etwa jene, die in der vorhergehenden Epoche in Mode gewesen waren und die übrigens von den Essayisten und den Philosophen weiterhin in großer Zahl vorgelegt wurden. Man bestand auf der Vorstellung, die Analyse habe der Synthese vorauszugehen („Jahre der Analyse für eine Stunde der Synthese" war eine beliebte Redensart jener Zeit). Diese sehr richtige, sehr fruchtbare und der Forschung sehr förderliche Vorstellung ging Hand in Hand mit der impliziten unbestimmten und sehr viel fraglicheren Vorstellung, wonach sich die Synthese zwanglos aus der Analyse ergebe. Man gab sich sehr genau Rechenschaft über die Notwendigkeit einer gewaltigen kollektiven Anstrengung, der sich alle zu unterziehen hatten und zu der jeder nur einen ganz kleinen Teil beitragen konnte. Folglich tendierte man allgemein zu einer sehr strengen Arbeitsweise und kümmerte sich minuziös um die Genauigkeit des Details. Es ist offenkundig, daß es eine Wechselbeziehung gibt zwischen der Dominanz dieses Gefühls und, im wirtschaftlichen Bereich, der Dominanz der bürgerlichen Ethik, die Max Weber mit dem Protestantismus verknüpft.

Hier zwei meines Erachtens typische Texte, welche diese Geistesverfassung auf dem Gebiet der Orientalistik gut illustrieren:

„Als man gegen Ende des letzten Jahrhunderts merkte", schrieb Jules Mohl 1842 in einem seiner wertvollen Jahresberichte für die Société asiatique de Paris, „daß es der orientalischen Literatur bestimmt war, auf unerwartete Weise das Feld der menschlichen Einsicht zu vergrößern, und daß die Geschichte der Religionen, der Gesetze, der politischen Institutionen und der Literatur aus ihr einen beinahe nicht abzuschätzenden Nutzen ziehen konnte, da erregte sie eine allgemeine Neugier. Aber die Wissenschaft kam nicht so rasch voran, wie es die Ungeduld jener, die von ihr neue Offenbarungen erwarteten, verlangte; die Publikation der Texte und der Übersetzungen, die allein eine solide Grundlage für diese Studien zu schaffen vermochte, ging nur langsam vonstatten, und diejenigen, die diese Bewegung verfolgten und allgemeine Ergebnisse zu sehen wünschten, erhielten nur Fragmente, deren Bedeutung sich schwer beurteilen ließ, waren sie doch Teil eines gewaltigen, in seinem gesamten Umfang nicht abzuschätzenden Ganzen."[1]

Derselbe Autor schrieb 1841: „Man kann nicht genug wiederholen, daß die Publikation der wichtigsten orientalischen Manuskripte das größte und dringendste Bedürfnis unseres Studienbereichs ist. Erst wenn die Gelehrten sich mit den Meisterwerken jeder einzelnen Literatur kritisch auseinandergesetzt haben, wenn der Druck die praktische Benutzung der Bücher erleichtert hat [. . .], erst dann kann die europäische Intelligenz wirklich in den Orient eindringen, die historische Wahrheit von der dicken Schicht aus Legenden und Widersprüchen befreien, unter der sie liegt, und die Geschichte der Menschheit rekonstruieren. Dieses Ziel liegt noch weit vor uns, aber der Weg ist klar vorgezeichnet, und wir kommen jedes Jahr ein Stück voran – ein winziges Stück, wenn wir daran denken, was noch zu tun ist, ein beachtliches Stück aber, wenn wir es mit dem vergleichen, was früher gemacht worden ist."[2]

Man bezeichnet diese Haltung oft als positivistisch. Das ist mehr oder weniger annehmbar, doch ist zu bedenken, daß der Positivismus (jener von Auguste Comte) nur ein philosophisches Theoretisieren ist, eine Extrapolation dieser allgemeinen Haltung, eine Extrapolation, die nur von wenigen Geistern anerkannt wurde, die aber, indem sie die allgemeine Haltung systematisiert, eine diffuse Ideologie ausdrückt. Diese würde man vielleicht besser mit dem Begriff „Szientismus" bezeichnen. Außerdem ist noch hervorzuheben, daß die meisten Wissenschaftler, die auf ihrem Forschungsgebiet diese Haltung einnahmen, den metaphysischen oder philosophischen Voraussetzungen, die man gewöhnlich mit den Begriffen des Positivismus oder Szientismus verbindet, keineswegs zustimmten.

Das Bewußtsein der enormen Aufgaben, die es zu erfüllen galt, regte ein Programm an, das allmählich verwirklicht wurde, nach dem sich die meisten Gelehrten richteten und das zum Erwerb eines immensen Wissens, zum Aufbau eines Korpus von beachtlichem Ausmaß führte.

Es ist nicht zweckdienlich, hier im einzelnen auf das Wissen einzugehen, das in dieser Zeit der Vorherrschaft der klassischen Orientalistik zusammengetragen wurde. Erinnern wir nur kurz daran, wieviel es brauchte, bis die primären Quellen zugänglich waren: die Manuskripte mußten katalogisiert, kritisch ediert, übersetzt sowie mit Anmerkungen und Kommentaren versehen werden. Mit Hilfe dieser Quellen wurden zahlreiche Arbeitsinstrumente geschaffen, die wir heute noch benutzen: Bibliographien, Register, Wörter- und Grammatikbücher usw. Ebenso entstanden in dieser Zeit die soliden Grundlagen, auf die wir uns nun sicher stützen können, wie etwa die Ereignisgeschichte (man hat heute ein bißchen vergessen, daß sie als Ausgangspunkt unerläßlich ist, und sei es auch nur, damit man sie hinter sich lassen kann), die historische Geographie usw.

Die Haltung, die ich zu charakterisieren versucht habe, und die Art der Arbeiten, die in dieser Richtung vorangetrieben wurden, um das erwähnte Wissen zu erwerben, bildeten bei den Wissenschaftlern selbstverständlich persönliche Qualitäten und Fehler heraus. Diese Qualitäten und diese Fehler spürt man in der gesamten wissenschaftlichen Produktion der Epoche.

Die lange und schwierige Lehrzeit, die mit diesen Aufgaben verbunden war (insbesondere das Erlernen der Sprachen, der Anwendung handgeschriebener Schriften u.a.), die Geduld erfordernden, unendlich zeitraubenden Arbeiten (sie nahmen praktisch die gesamte Zeit in Anspruch, die ein normaler Mensch der Arbeit widmen kann), denen sich die Gelehrten widmen mußten – all das ließ sehr wenig (um nicht zu sagen keinen) Raum für die Integration allgemeiner Disziplinen und ihrer Spezialisten. Das scheint mir das Wesentliche zu sein, und in diesen Umständen liegt die Erklärung dafür, daß der Sprachwissenschaftler im Lauf dieser ganzen Epoche praktisch absolut dominierte.

Tendenzen oder Bestrebungen zu theoretisieren gab es aber trotzdem, wie zu allen Zeiten und an allen Orten. Doch die Strenge des minuziösen Detailstudiums drängte sie weitgehend zurück. In wenigen Fällen wurden diese Bestrebungen wenigstens oberflächlich befriedigt.

Die meisten dieser Tendenzen hielten sich an allgemeine Ideen, die von der Philosophie der Epoche, von ihrem sozialen Bewußtsein oder von vereinzelten genialen Eingebungen beeinflußt waren. Von da kam im allgemeinen der Eklektizismus oder auch die Vorherrschaft einer gerade gängigen Erklärungsweise. Um nur ein Beispiel zu nennen, sei auf den summarischen Ökonomismus hingewiesen (er war von der stürmischen Entwicklung der kapitalistischen Industriewirtschaft sehr viel stärker inspiriert als von dem sehr beschränkten Einfluß des Marxismus), den Islamkenner wie Martin Hartmann oder Leone Caetani in ihren Studien über die Anfänge des Islams an den Tag legen.

Fachleute, die gerne zu allgemeineren Schlüssen gelangt wären, dafür aber wegen ihrer extrem beschränkten Ausbildung schlecht gerüstet waren, konstruierten oft mehr oder weniger schwankende oder phantasievolle Synthesen, indem sie Nebenumständen, Faktoren und Punkten, die sie näher hatten untersuchen können, einen übertriebenen Wert beimaßen.

Die gewissenhaftesten Gelehrten bezogen ihre Anregung (was ganz normal ist) aus den einzigen Humanwissenschaften, die zu jener Zeit mehr oder weniger etabliert waren: aus der historischen und vergleichenden Linguistik, der Religionswissenschaft und der physischen Anthropologie. Die Ergebnisse waren meistens katastrophal. Im allgemeinen war man wenig vorsichtig, wenn man die begrenzten Schlüsse dieser Wissenschaften (mochten sie auch gültig sein), auf große Gebiete anwandte. So schloß man, meistens implizit, aus der äußerst bedeutsamen und fruchtbaren Entwicklung der Religionswissenschaft, die Sphäre der Ideen (und ganz speziell der religiösen Ideen) beherrsche das gesamte Leben der Gesellschaften. Man fiel ganz von selbst in den historischen Idealismus. Ausgehend von der genealogischen Einteilung der Sprachen und von den Ergebnissen der physischen Anthropologie gelangte man auf dieselbe Weise zu einer rassistischen Anschauung. Die Warnungen und die Proteste der Gelehrten aus den fraglichen allgemeinen Fachzweigen fruchteten wenig. Viele Anthropologen hoben schon damals hervor, daß beispielsweise der Schädelindex von begrenztem Aussagewert und davon abgeleitete Klassifizierungen künstlicher Natur seien. Das hinderte Wissenschaftler, die auf ihrem Gebiet gute Fachleute waren, keineswegs daran, plötzlich von dolichozephalen und brachyzephalen Völkern zu sprechen, wenn es um Geschichte ging. Das gilt übrigens heute noch. Ebenso fehlte es nicht an Warnungen von seiten der Linguisten, man dürfe aus der Tatsache, daß eine bestimmte Sprache gesprochen werde, nicht auf die Zugehörigkeit zu einer bestimmten ethnischen Gruppe schließen. Das verhinderte keineswegs, wie nur allzugut bekannt ist, daß man die Völker in Arier, Semiten usw. einteilte, wobei sich jedes durch ein eigenes, unwandelbares, ewiges Wesen von den anderen unterschied. Auch hier ist zu sagen, daß der Einfluß dieser flüchtig erstellten theoretischen Gebäude leider immer noch spürbar ist.

War also einerseits das erworbene Wissen immens, so waren andererseits die Mängel sehr schwerwiegend. Der Eurozentrismus war offenkundig. Wenn es auch absurd ist, ihn heute mit Vehemenz zu verurteilen und sich im Zusammenhang damit in moralischer Entrüstung zu ergehen, so muß man ihn nichtsdestoweniger zur Kenntnis nehmen, ebenso seine schädlichen Auswirkungen. Abgesehen davon, daß man die europäische Gesellschaft und Kultur als allgemein-gültige Modelle hinstellte und ihre absolute Überlegenheit auf allen Ebenen voraussetzte (es gab sie in beschränktem Maß tatsächlich, zum Beispiel im Bereich der Technik), übertrug man automatisch immer und überall die Faktoren, die in dieser Gesellschaft und Kultur wirksam waren. Manche dieser Faktoren waren zwar tatsächlich universeller Natur, aber nicht alle, und diese automatische Übertragung richtete im allgemeinen Schaden an.

Vom 18. Jahrhundert hatte man die Vorstellung übernommen, die klassischen Kulturen seien den anderen überlegen und verdienten eine mehr oder weniger ungeteilte Aufmerksamkeit (und erst noch hauptsächlich im Moment ihres „Goldenen Zeitalters"). Diese bewundernde Sicht der klassischen Kulturen ging einher mit einer essentialistischen Auffassung dieser selben Kulturen. Man nahm an, auch sie besäßen ein unwandelbares Wesen, und man neigte dazu, dieses Wesen in der Religion zu suchen. Somit war die essentialistische Sicht auch eine von der Theologie beherrschte Sicht. Zitieren wir nochmals Jules Mohl:

„Um die vier großen Literaturen herum – die arabische, die persische, die indische und die chinesische – gruppieren sich jene der anderen orientalischen Völker, die keine eigene Kultur hervorgebracht, sondern ihre Ideen bei einer oder mehreren dieser großen Nationen geliehen haben. Man darf deshalb nicht erwarten, in diesen sekundären Literaturen Werke zu finden, die ebenso stark von einem originellen Geist geprägt sind, wie jene, die in der Geschichte der Menschheit Epoche gemacht haben, und man darf nicht erwarten, daß sie von einer großen Zahl von Gelehrten gepflegt werden. Aber es ist zu wünschen, daß man sie nicht ganz aufgibt und daß die Erfordernisse der Verwaltung, die Handelsbeziehungen, die Begeisterung eines Missionars oder der Eifer eines Literaten sie nach und nach aus dem Dunkel hervorholen und die in ihnen enthaltenen Fakten dem Historiker wieder zugänglich machen. Denn beinahe alle diese Völker besitzen Chroniken, deren Bedeutung vom Einfluß abhängt, den sie ausgeübt haben."[3]

Zu den Mängeln dieser Epoche zählt also die Bindung an allgemeine Vorstellungen des 19. und des beginnenden 20. Jahrhunderts: die Vorstellung vom Vorrang und von der Überlegenheit des europäischen Modells, ein oft rassistischer Essentialismus, ein oft religiöser Idealismus.

Erwähnen wir auch kurz – und dies wäre sehr leicht weiter auszuführen – die teilweise vorhandene Bindung an imperialistische Praktiken und an „exotistische" ästhetische Bilder. Auch hier geht es nicht darum, anzuklagen, zu verurteilen oder sich zu empören, sondern einfach darum, festzustellen und die Konsequenzen zu ziehen.

Viele Arbeiten dieser Epoche sind deshalb unzulänglich, weil sie nicht im Rahmen gültiger wissenschaftlicher Fragestellungen unternommen wurden. Dies rührt aber keineswegs an die ungeheure Menge von Informationen, die zusammengetragen wurde und für die man heute oft nur Verachtung übrig hat. Wenn es auch zutrifft, daß viele Aspekte nicht beleuchtet wurden, weil man die richtigen Fragen nicht gestellt hatte, so bleibt dennoch die Tatsache bestehen, daß uns eine gewaltige Menge an Material vorliegt, aus dem man oft das herausholen kann, was die Forscher jener Zeit darin nicht einschließen wollten oder was sie nicht sehen konnten.

Ein kapitaler Mangel war der Glaube an die Allwissenheit des Philologen (der praktisch vorhanden, theoretisch aber nicht untermauert war). Einem Fachmann für Chinesisch traute man zu, daß er Arbeiten über die chinesische Philosophie, die chinesische Astronomie, die chinesische Landwirtschaft usw. verfaßte. Manchmal zog sich der Betreffende nicht allzu schlecht aus der Affäre, aber das war bei weitem nicht immer der Fall, und die Fußangeln dieser Praxis sind offenkundig. Die unter solchen Voraussetzungen geschriebenen Arbeiten glänzen meistens durch ihren Eklektizismus und durch ihr Unverständnis für die Erfordernisse der Theorie. Es macht sich in ihnen so etwas wie ein Spezialistendilettantismus breit. Das Zusammenhängen dieser beiden Begriffe ist nur scheinbar paradox. Je größer die Spezialisierung, desto dilettantischer der Spezialist, der vorgibt, ohne angemessene Vorbereitung über Dinge urteilen zu können, die außerhalb des von ihm vertieften Wissens liegen, ist er doch fast ausschließlich für die Arbeit im Bereich seiner Spezialität geschult worden.

2. Die Krise um die gegenwärtigen Probleme

Die Entwicklung der gesellschaftlichen Mentalität, die neuen Ideenströmungen, die neuen Situationen verursachen gegenwärtig eine schwerwiegende Krise.

An der Basis haben wir die Entwicklung der Human- oder Sozialwissenschaften, was eigentlich die Quelle großer Fortschritte sein müßte. Aber die praktische Schwierigkeit besteht nach wie vor darin, daß man die immer noch notwendigen Sprachkenntnisse mit der Einführung in die theoretischen allgemeinen Wissenschaften kombinieren muß, und diese Einführung erweist sich als immer schwieriger. Es gibt da eine Grenze, die mit der *condition humaine* zusammenhängt und die zu überschreiten man nicht hoffen kann.

Ein anderer Faktor ist die Krise des Eurozentrismus und die Tatsache, daß nun Wissenschaftler aus den untersuchten Ländern in die wissenschaftliche Arena treten. Im Banne der

Entkolonialisierung und der antikolonialistischen Ideologie ist heute vor allem bei den jungen Generationen die Versuchung groß, das gesamte erworbene Wissen als von Eurozentrismus und kolonialistischer Mentalität befleckt zurückzuweisen. Wie mitfühlend oder verständnisvoll man auch sein mag in bezug auf die Gefühle, die dieser Tendenz zugrunde liegen, so muß man doch im Auge behalten, daß es aus Gründen, die nichts mit einer sogenannten rassischen Überlegenheit zu tun haben, Europa war, das (bis heute) die Anwendung verfeinerter wissenschaftlicher Methoden am weitesten vorangetrieben hat, auch wenn die Anwendung dieser Methoden in den untersuchten außereuropäischen Kulturen bereits begonnen hatte.

Nicht ohne Bereitwilligkeit, manchmal sogar mit Unterwürfigkeit, insistiert man heute oft auf dem Vorrang, der dem auf sich selbst gerichteten Blick zukommt. Die Vorteile, die ein jeder aus der intimen Kenntnis seiner eigenen Gesellschaft und seiner eigenen Kultur zieht, sind unbestreitbar. Es genügt, das geistige Experiment hierzu mit sich selbst anzustellen. Dabei darf man aber nicht vergessen, daß der Blick des anderen auch seine Vorteile hat. Die Distanz zu den lokalen Ideologien ist ein Faktor von größter Wichtigkeit. Dies wird besonders deutlich in Phasen sehr lebhafter Auseinandersetzungen wie jener, die sich gegenwärtig abspielen und die mit ihren mehr oder weniger unmittelbaren politischen Zielsetzungen gerne die Sicht der direkt Beteiligten trüben.

Zu den meines Erachtens definitiv und universell gültigen Aktiva der europäischen Anwendung der Wissenschaft gehört die kritische Annäherung an die Quellen. Diese kritische Annäherung wurde zwar bereits von allen höheren Geistern der anderen Kulturen praktiziert, doch ihre maximale Systematisierung hat sie in Europa erfahren. Es heißt

117

oft, sie verletze die Gefühle der Mitglieder der außereuropäischen Gesellschaften. Dazu ist zu sagen und zu wiederholen, daß diese kritische Annäherung in Europa selbst begonnen hat, nämlich bei den europäischen Quellen. Es war die Kritik an den Überlieferungen zur alten römischen Geschichte und an den Bibeltexten, mit der die Wissenschaft in diesem Bereich ihre Waffen blank geputzt, ihre Methoden ausgearbeitet hat.

Und nur in Europa, in der modernen Zeit, hat sich die historische Sicht der Dinge und die damit verbundene Erkenntnis des kulturellen Pluralismus und seiner Folgen ganz durchgesetzt. Welchen Mißbrauch man auch immer mit dem Historismus getrieben hat, er stellt einen gewaltigen Fortschritt dar. Nur diese Konzeption erlaubt es, den permanenten ideologischen Hang zu bekämpfen, der die Vergangenheit nach dem Bild der Gegenwart rekonstruieren und die Mechanismen unserer Welt auf andere kulturelle Welten übertragen will. Diese spontane Tendenz der naiven Ideologie, die ständig wieder reaktiviert wird durch die konstruierten und insbesondere durch die politischen Ideologien, übt in großen Bereichen weiterhin ihren unseligen Einfluß aus. Man muß immer auf den historischen Geist zurückgreifen, die Quellen aufsuchen, um die schädlichen Auswirkungen dieser Ideologien, insbesondere auf die historische und ethnologische oder anthropologische Forschung zu bekämpfen. Es sei hier noch hervorgehoben, daß die nationalistischen Ideologien, die in den meisten Ländern der Dritten Welt im Zusammenhang mit ihren derzeitigen Kämpfen in der Mode sind, ganz selbstverständlich Tendenzen entwickeln, die dem historischen Geist entgegenstehen.

Es ist auch der moderne Westen, der sich zum erstenmal ganz vom religiösen Dogmatismus gelöst hat. Und zwar haben sich nicht nur Einzelpersonen oder gewisse Bewegungen, sondern die gesamte wissenschaftliche Gemeinschaft einschließlich ihrer gläubigen Mitglieder auf den Weg einer Forschung begeben, die das – für manche immer noch denkbare – Eindringen des Übernatürlichen in die Geschichte und das Funktionieren der Gesellschaften ausklammert. Nur sie hat die Kühnheit besessen, die heiligen Texte und „Geschichten" unter Ausschluß jeder anderen Kausalität als der zu studieren, die auf den allgemeingültigen Gesetzen der Dynamik der menschlichen Gesellschaften beruht.

Auch in der Linguistik hat das Europa des 19. Jahrhunderts eine kopernikanische Revolution vollbracht. Man soll die Scharfsicht, mit der die vormodernen indischen, griechischen, arabischen und europäischen Grammatiker ihre Sprachen gesehen haben, nicht leugnen oder verachten. Sie haben die Gesetze hinter den Strukturen ihrer Sprachen oft begriffen und (mitunter auf geniale Weise) dargelegt. Man weiß, wie Noam Chomsky unter diesem Gesichtspunkt die „kartesianische Linguistik" von Port-Royal rehabilitiert hat. Dennoch bleibt es dabei, daß einzig das europäische 19. Jahrhundert die Sprachen als Systeme, die in Bewegung sind, aufgefaßt und das Normative über Bord geworfen hat, das die Sprachstudien zuvor beherrschte. Es hat die heiligen Sprachen und die klassischen Sprachen von ihrer Heiligkeit und von ihrer Klassik befreit. Es hat gezeigt, daß man die sprachlichen Phänomene objektiv untersuchen muß, frei von Verachtung und Ablehnung der einfachen und „vulgären" Formen der Sprache. Es hat nachgewiesen, daß die geschriebenen, unterrichteten, kultivierten Sprachen der Überbau der gesprochenen Sprachen sind, daß sie mit Verspätung tiefgreifende Entwicklungen nachvollziehen, die das tägliche Leben der Phonemsysteme und der Systeme lexikographischer Formen und Einheiten betreffen. Dies ist ein bemerkenswerter und revolutionärer Beitrag, der vom arabischen Orient noch nicht ganz verarbeitet worden ist. Man muß diese Errungenschaft beibehalten, selbst wenn die heute herrschenden strukturalistischen Untersuchungen der Sprache dazu neigen, sie zu minimalisieren oder gar darüber hinwegzusehen und die eigentliche Linguistik mit Ferdinand de Saussure beginnen zu lassen, während doch dieser Schritt ganz und gar unverständlich bleibt ohne die vorherige Integration eben dieser Errungenschaft.

Die traditionellen Orientalisten haben auf diese Krise des öftern mit blindem Widerstand und mit Versteifung reagiert.

Oft noch im Geist der alten Disziplinen mit ihrem sprachwissenschaftlichen Schwergewicht ausgebildet, sind sie den neuen Fragestellungen häufig mit großem Mißtrauen begegnet. Es trifft zu, daß die Repräsentanten dieser neuen Richtungen nicht selten alles getan haben, um gerechtfertigtes Mißtrauen auszulösen. Sie sind in vielen Fällen nicht gut unterrichtet gewesen und nicht einmal seriös. Ihre Begeisterung für die neuen Ansichten hat sie oft dazu verleitet, der herkömmlichen Arbeitsweise und ihren Ergebnissen mit Verachtung zu begegnen, sie zu ignorieren, sie nicht zu verstehen oder herabzusetzen, und zwar manchmal mit großer Leichtfertigkeit. Man versteht also die ärgerliche, störrische Reaktion, die aber ihrerseits den Nachteil hat, daß die Betreffenden den beachtlichen Beitrag vernachlässigen, den die Erneuerung der Auffassungen darstellt.

Das Mißtrauen den einheimischen Fachleuten gegenüber ist nicht weniger groß. Und auch das hat seine Gründe. Die Fachleute der untersuchten Länder stellen die europäischen Wissenschaftler oft aus Prinzip in Frage und stempeln sie alle als von kolonialistischem Geist und von Eurozentrismus erfüllt ab; gleichzeitig übernehmen sie aber vieles, vielleicht sogar das Wesentliche von deren Beiträgen. Oft schütten sie das Kind mit dem Bade aus, wenigstens in Worten (die im allgemeinen beleidigend sind), und benutzen in Wirklichkeit das von den europäischen Beiträgen, was ihnen zusagt, indem sie es mit einheimischen Klamotten verkleiden. Oft haben sie sich noch nicht von den archaischen Methoden, von den alten Ideologien in ihren dogmatischen und antihistorischen Formen gelöst. Oft ermöglichen es ihnen die heutigen nationalistischen Ideologien, sowohl ihre theoretische Ablehnung dessen, was ihnen an den europäischen Beiträgen nicht gefällt, als auch ihre versteckte Annahme dessen, was in ihr System paßt, was ihm dienen kann, auf billige Weise zu legitimieren. Und im Extremfall werden ihnen von den größten Lärmmachern schlechte Dienste erwiesen, von denen, die sich mißbräuchlich als ihre Sprecher ausgeben, mitunter schlichtweg intellektuelle Abenteurer, die von der Reaktion auf den Kolonialismus in den internationalen Organisationen und in einem großen Teil der öffentlichen Meinung in Europa geschickt zu profitieren wissen. Man versteht deshalb die Heftigkeit, mit der die ernsthaften Orientalisten auf diese streng genommen terroristischen Methoden reagieren. Doch begehen sie mit ihrem Verhalten den Fehler, die seriösen einheimischen Spezialisten und die besagten Abenteurer in einen Topf zu werfen und in der Kritik, welche die einheimischen Spezialisten an den europäischen Beiträgen üben, keinen genauen Unterschied zu machen zwischen den wertvollen Elementen (es gibt deren viele) und den anderen.

Und schließlich herrscht unter den traditionellen Orientalisten ein großes Mißtrauen gegenüber den Fachleuten peripherer, in bezug auf die Interessen des 19. Jahrhunderts marginaler Gebiete. Die Verachtung, auf die schon ihre Vorgänger immer gestoßen waren, erfahren nun auch die

heutigen Repräsentanten dieser Disziplinen, und das obschon sie unterdessen einen ganz realen wissenschaftlichen
Status erworben haben. Nennen wir als Beispiel die Gegen-
wartsgeschichte, die Soziologie usw. Es trifft zu, daß viele in
den genannten Bereichen noch ein unterschiedliches Maß
an Dilettantismus oder Leichtfertigkeit an den Tag legen. Es
trifft zu, daß dies die Bereiche sind, in denen sich mit Vorliebe die gehetzten Journalisten, die Literaten, alle jene, die
ohne große Berechtigung Sendezeiten bei Radio und Fern-
sehen beanspruchen, ja sogar eine nicht unbeträchtliche
Zahl von Betrügern und Abenteurern tummeln. Auch die
politisch Militanten wählen vorzugsweise diese Bereiche,
um dort ihre manchmal zutreffende, häufig aber auch
leichtfertige, beleidigende oder mißbräuchliche Kritik anzu-
bringen. Die traditionellen Orientalisten, die zudem oft
konservativer Meinung sind, können nicht anders, als sich
durch solche Einmischungen schockiert zu fühlen.

So erklärt man sich, daß sich viele von ihnen auf die alten
sicheren Bereiche zurückziehen, nämlich die kritische Textedition, die Ereignisgeschichte, die pointillistische Philologie usw. Sie rufen in Erinnerung (und zwar sehr zu Recht),
daß auf allen diesen Gebieten noch eine gewaltige Arbeit zu
tun bleibt. Diese Mahnung ist absolut nützlich und sogar
unerläßlich, eine Entschuldigung für die Verachtung, mit
der man den neuentwickelten Fachbereichen, den erneuer-
ten wissenschaftlichen Methoden und den neuen Fragestellungen begegnet, ist sie nicht.

3. Die gegenwärtige Situation

Ich werde mich hier darauf beschränken, ein Bild der großen Tendenzen, der Strömungen und Schulen zu skizzie-

ren, so wie ich sie sehe. Ich werde nur sehr wenige Namen nennen, denn sonst enden wir bei einer Siegerliste, die ja nicht anders als sehr unvollständig und sehr ungerecht sein kann. Ich bin weit davon entfernt, alle wichtigen Arbeiten auf dem Gebiet zu kennen, das zu behandeln man mich gebeten hat.

Stellen wir zu Beginn fest, daß der Ausschluß der Vereinigten Staaten aus dem europäischen Panorama sehr künstlich ist. Die großen Tendenzen finden sich dort auf dieselbe Weise. Das soll nicht heißen, daß es nicht einen nordamerikanischen Partikularismus gibt, der dem nationalen Partikularismus, von dem schon die Rede war, gleichzustellen ist. Man weiß auch, daß im nordamerikanischen Forschungsbereich zumindest quantitativ mehr geschieht als in den nationalen Forschungsbereichen in Europa, weil die Bevölkerung größer ist und weil man in den Vereinigten Staaten über relativ viele Mittel verfügt.

Selbstverständlich sind die Tendenzen, Strömungen und Schulen, deren unendlich summarisches Bild ich nun skizzieren werde, unterteilt in zahlreiche, von Temperament und Werdegang jedes Lehrers abhängige Mikrotendenzen mit zahllosen Nuancierungen.

Fortsetzung des früheren Aufschwungs

Zahlreiche Arbeiten, vielleicht die Mehrzahl, werden im früher praktizierten Sinn weitergeführt. Indessen lassen sie unter dem Einfluß der revidierten Fragestellungen oft auf die eine oder andere Weise die früheren Tendenzen hinter sich. Ich nenne, ohne vollständig sein zu wollen, folgende Gruppen von Aktivitäten:

Veröffentlichung von literarischen oder dokumentarischen Texten, von Dokumenten, die aus Archiven, von Inschriften,

Münzen usw. stammen. Hier werden oft auch neue Methoden gebraucht; man profitiert insbesondere von den Möglichkeiten der Datenverarbeitung, der quantitativen Mechanisierung und der Kodierung.

Anfertigung von Registern. In diesem Fall ganz speziell können die neuen, mit der Datenverarbeitung zusammenhängenden Methoden auf breiter Basis angewendet werden. Erinnern wir, um ein Beispiel zu nennen, an die Publikationen der Arbeitsgruppe, welche die vor langer Zeit begonnenen und wieder aufgegebenen Anstrengungen um ein *Onomasticon arabicum* auf neuen Grundlagen weiterführt. Nicht immer werden solche Mittel mobilisiert; es werden auch alte Register auf Grund viel umfangreicheren Materials überarbeitet. Ich möchte nur Sezgin erwähnen und seine Bemühungen, einen Teil der immensen, einst von Carl Brockelmann geleisteten Arbeit über die arabischen Texte gewissenhaft nachzuführen, zu korrigieren und zu verbessern.

Ereignisgeschichte. Glücklicherweise ist die Verachtung der neuen historischen Schulen für die Ereignisgeschichte – eine bedauerliche Folge der an sich nützlichen Überwindung dieser Stufe – nicht ein allgemeines Phänomen. Viele Autoren führen die Anstrengungen fort, die früher unternommen worden sind, um die Einzelheiten der Geschichte zu erfassen, sie nachzuprüfen und alle Umstände abzuklären. Wie früher schon beobachtet man in diesem Bereich (oft charakterlich begründete) individuelle Divergenzen in Form von Schulen, von Tendenzen und sogar allgemeine zyklische Schwankungen zwischen übertriebener Kritik und blindem Vertrauen in die Quellen. Jene, die sich dieser Aufgabe widmen, verdienen unsere uneingeschränkte Anerkennung; selbst dann, wenn manche von ihnen der Neigung nachgeben, von der schon die Rede war, nämlich zu meinen, man könne auf Grund von Einzelheiten recht leicht zu allgemeinen Schlüssen gelangen, ohne Zuhilfenahme einer Fragestellung, die doch allein die Rollen zwischen den einzelnen Faktoren zu verteilen vermag. Die Gelehrsamkeit – immer noch überaus notwendig – neigt bei allzuvielen dazu, sich für ausreichend zu halten. Das bedeutet nicht, daß Gelehrte von Rang, die zwar keine großen Kenntnisse von den allgemeinen Fragestellungen haben, die aber von Natur aus über gesunden Menschenverstand, Intelligenz oder Genie verfügen, die Texte nicht auf eine interessante und oft fruchtbare Weise neu zu verstehen vermöchten.

Die *Archäologie,* die *Kunstgeschichte,* die *Ästhetik* der muslimischen Künste haben große Fortschritte gemacht. Die Technik der Grabungen und die Methoden, mit denen ihre Ergebnisse analysiert werden, sind unendlich verbessert worden. Die Haltung des Laiengelehrten, der sich nur für die „schönen Stücke" interessiert, die eurozentrischen (oder klassikozentrischen, wenn dieser Neologismus erlaubt ist) Ausrichtungen sind weitgehend überwunden – auch wenn man noch häufig auf ihre Spuren stößt –, während sie doch vor nicht allzu langer Zeit noch dominiert haben. Die fruchtbare Tendenz, die insbesondere von Jean Sauvaget illustriert worden ist, hat sich sehr stark entwickelt. Man weiß, daß es darum geht, in enger Verbindung mit der Archäologie, der Architektur, dem Urbanismus und ganz allgemein mit der nichtliterarischen Dokumentation eine globale Geschichte zu verwirklichen. Es ist bemerkenswert, daß man nun wieder eine Geschichte der Ästhetik oder des Geschmacks gründen kann, und zwar auf sehr viel ernsthafterer Basis als es die subjektiven Eindrücke sind, welche diese Art von Studien einst in Mißkredit gebracht haben.

Die *Geschichte der Techniken, der Sitten, der „Mentalitäten", der Kultur* macht unregelmäßige Fortschritte. Die Abschottung der einzelnen Disziplinen, ein nachteiliges Ergebnis der unerläßlichen und fruchtbaren Spezialisierung, wirkt sich noch viel zu stark aus. Die präzise, detaillierte und umfassende Kenntnis der Fakten der muslimischen Welt geht nicht immer mit der Kenntnis der Ergebnisse einher, die (insbesondere von den Ethnographen oder Anthropologen) in anderen kulturellen Bereichen erzielt werden, sowie mit dem Wissen von den allgemeinen Fragestellungen. Viele Gebiete sind noch kaum enträtselt. Denken wir an die geringe Zahl von ernsthaften Studien, die es über ein so wichtiges Gebiet wie das der Sexualität gibt. Es sind bemerkenswerte Synthesen geschrieben worden. Jede mit Qualitäten und Mängeln. Eine normale Tendenz dieser Studien ist das gewesen, was man Kulturalismus genannt hat und was beispielsweise von dem herausragenden Geist Gustav von Grunebaum illustriert worden ist. Es handelt sich um eine Extrapolation, in der die Kultur – die auf verschiedene Weisen definiert und oft auf ihre hervorragendsten intellektuellen und künstlerischen Elemente reduziert wird – ein abstraktes Ganzes bilden soll, das als eine einzige höchste Ursache wirkt. Die Schule der „Mentalitäten" geht oft ein wenig in diese Richtung. Auch wenn einem der irrige Charakter dieser allgemeinen Sehweise bewußt sein mag, so darf man nicht vergessen, daß die Wissenschaftler, die sich auf diesem Forschungsgebiet engagiert haben, positive, oft äußerst wichtige Resultate vorgelegt haben.

Die *Geschichte der Wissenschaften* ist selbstverständlich von größter Bedeutung. Auch hier herrscht ein recht dramatischer Mangel an Spezialisten, die sowohl in den muslimischen Sprachen und den philologischen Methoden als auch in den naturwissenschaftlichen Disziplinen (Astronomie, Mathematik, Medizin usw.) bewandert sind.

Die *Geschichte der Institutionen* hat sehr schöne Werke hervorgebracht, und ich werde mich hüten, hier eine unzureichende Liste vorzulegen. Weisen wir einfach auf die ganz großen Fortschritte der Geschichte des islamischen Rechts hin (die schon bis in den Bereich des *fiqh* vorgedrungen ist), die dank dem kritischen Rückgriff auf die Quellen möglich geworden sind (J. Schacht), sowie auf die sehr viel genaueren Untersuchungen über die Schulen, die Entscheide, die juristische Praxis. Trotz des Unterschieds zwischen den rechtlichen oder quasirechtlichen Systemen wäre es von Vorteil, wenn richtige Juristen, die indessen offen genug sind, um nötigenfalls die westlichen Rechtsauffassungen hinter sich zu lassen, an diesen Untersuchungen teilnähmen.

Auch das *Studium der Sprachen* hat sich auf Grund neuer Faktoren verbessert. Die modernen Methoden machen es uns sehr viel leichter, die Materialien für diese unendlich nützlichen Kompilationen, welche die Wörterbücher darstellen, zusammenzubringen. Ferner erlauben die neuen Methoden der Linguistik, die zunächst für andere Bereiche entwickelt worden sind, eine Erneuerung der Perspektiven und ein gründlicheres Studium der Strukturen – die quantitative und strukturelle Analyse seien genannt, die generative Grammatik usw. Hier sind auch die sehr viel wirksameren praktischen Unterrichtsmethoden zu erwähnen, mit deren Hilfe einer viel größeren Zahl von Forschern rasch gute Kenntnisse vermittelt werden können und die im übrigen auch ihre Auswirkungen auf die Theorie haben.

Die Studien, die man gewöhnlich unter der Bezeichnung *Ethnographie, Folklore, Anthropologie* einreiht, haben sich vielleicht eher erneuert als daß sie im eigentlichen Sinn Fortschritte gemacht haben. In der Kolonialzeit ist eine riesige Menge von Beobachtungen zusammengetragen worden. Man kann sich mit dem Autor der vorliegenden Zeilen dazu beglückwünschen, daß diese Epoche der Geschichte hinter uns liegt, wobei aber gleichzeitig festzustellen ist, daß Arbeiten solcher Art heute vielfach schwieriger geworden sind. Die Empfindlichkeiten hinsichtlich der nationalistischen Ideologien, der Argwohn der neuen Staaten stehen solchen Beobachtungen oft im Wege. Die Modernisierung verwischt und nivelliert die alten Sitten, und die Tendenz zur Modernisierung, die Ideologie der Modernisierung zensurieren sie, wenn sie noch existieren. Dagegen sind die Methoden perfektioniert worden und gehen oft über die einfache pointillistische Anhäufung von Einzelheiten, die unter ihrem unmittelbaren Aspekt beobachtet wurden, hinaus. Man denke an die schönen Studien von Frederik Barth über die iranischen Volksstämme. Es ist aber doch zu bedauern, daß das Sammeln von Fakten, in welcher Form auch immer, nicht intensiver betrieben wird. Viele davon verschwinden, ohne daß sie je registriert worden wären, und dieser Verlust ist nicht wiedergutzumachen. Man muß das den jungen Forschern immer wieder in Erinnerung rufen, die sich von der Theorie mehr angezogen fühlen als von der Beobachtung. Man muß auch darauf hinweisen, daß die Mängel der ideologischen Ausrichtung oder das Fehlen von theoretischen Richtlinien den Wert der in der Kolonialzeit gesammelten Beobachtungen, die einen enormen Korpus bilden, nicht unbedingt herabmindern.

Die *Literaturgeschichte* hat von den neuen Methoden profitiert, die im Zuge der Erneuerung der Linguistik (Semiologie etc.) erarbeitet worden sind. Es ist normal, daß die Neuankömmlinge in diesen Disziplinen ihnen vielleicht zuviel Vertrauen und Wertschätzung entgegenbringen und zu Unrecht die Vorgehen verachten, die sich noch auf den Linien der guten alten historischen Methode bewegen, welche in mancher Hinsicht noch ihre Gültigkeit hat. Im übrigen existieren in der Forschung denn auch beide Tendenzen nebeneinander.

Mit der Literaturgeschichte steht die *Geistesgeschichte* in Verbindung, die viele gerne auf die Geschichte der Theologie beschränken. Jedenfalls schreitet die Veröffentlichung und Übersetzung der Texte weiter voran und mündet in Monographien von Autoren und diese wiederum in Monographien von Perioden oder Tendenzen, die alle unendlich nützlich sind.

Fortsetzung der theologisch beherrschten Tendenz

Ich fasse unter dieser Rubrik die Denkrichtungen zusammen, gemäß denen praktisch alle Phänomene in den Gesellschaften, die sich mehrheitlich oder offiziell zur muslimischen Religion bekennen, mit eben diesem Bekenntnis zu erklären wären. Diese Sehweise wurde früher von jedermann implizit anerkannt. Aber zur Zeit der Vorherrschaft der positivistischen Einstellung hinderte sie viele Autoren nicht daran, in der wissenschaftlichen Praxis in dieser oder jener speziellen Frage einen ihr entgegengesetzten Standpunkt einzunehmen, und zwar ohne daß sie sie theoretisch verwarfen und oft ohne daß sie sich überhaupt bewußt waren, ihr zu widersprechen. Heutzutage kommt es häufiger vor, daß man sie offen in Frage stellt oder daß man sie nicht ausdrücklich als gültig anerkennt. Indessen begünstigt der gegenwärtige Hang zur Irrationalität oder zumindest zur Infragestellung der ehemaligen rationalen Gewißheiten diese Tendenz. Wenn die Ideen, die sie inspirieren, auch eine weniger breite, eine weniger allgemeine Aufnahme finden, so werden sie doch besser zum Ausdruck gebracht, besser ausgeführt und verteidigt, besser theoretisiert in einem zusammenhängenden Sektor der wissenschaftlichen Welt und des halbgelehrten oder gar einfach „profanen" Milieus, in dem sich die Tendenz theologischer Ausrichtung hält. In

Klammern sei hier hinzugefügt, daß es unmöglich ist – viele Fachleute denken sicher anders –, in einer Geschichte der Entwicklung der Ideen oder in einer strukturellen Studie der Ideen diese beiden Denkbereiche strikt voneinander zu trennen. Trotz gegenteiliger Versicherungen wird die wissenschaftliche Welt von allen Seiten von den Ideen der Gesellschaft durchdrungen, zu der sie gehört; und umgekehrt finden zumindest manche Ideen der Wissenschaftler in einem breiteren Publikum einen Widerhall, wenn auch oft mit Verzögerung. Manchmal also bekräftigen gewisse Repräsentanten der theologisch beherrschten Tendenz auf klare und sogar aggressive Weise den imperialistischen Charakter dieser Konzeption, ihre Fähigkeit, dem gesamten Studiengebiet vorzustehen und ihm eine bestimmte Richtung zu verleihen, während solche Ansprüche früher eher hinter vorgehaltener Hand ausgesprochen als bis in ihre letzten logischen Konsequenzen hinein theoretisiert und praktiziert wurden.

Im Rahmen dieses Denkbereichs oder am Rande in einer Beziehung zu ihm stehend lassen sich mehrere Tendenzen unterscheiden:

– Das Studium der muslimischen Theologie wird in Europa von Gelehrten unterschiedlicher spiritueller Richtung mit Sympathie, aber nichtsdestotrotz mit kritischer Distanz praktiziert, auch von christlichen Wissenschaftlern, die mit thomistischem Rationalismus vorgehen wie Louis Gardet und M. M. Anawati. Auf Grund ihrer Ausbildung und ihrer Spezialisierung neigen diese Wissenschaftler dazu, Erscheinungen aller Art aus theologischer Sicht zu interpretieren. Dies natürlich um so mehr, als ihre eigene existentielle Orientierung auf die Vorherrschaft der religiösen oder sogar mystischen Spiritualität zielt. Indessen sind die meisten ihrer Analysen auch für ganz anders orientierte Geister annehmbar. Was letztere an ihren Arbeiten am ehesten kritisieren können, ist die gelegentliche Ausweitung ihrer Fragestellung auf Gebiete, die nicht mehr das Studium religiöser Phänomene im engen Sinn betreffen.

– Die muslimische Apologetik setzt sich selbstverständlich in der Welt des Islams fort (die hier nicht Gegenstand unserer Untersuchung ist). Aber die Nachsicht ihr gegenüber ist in Europa größer als früher. In einem ziemlich breiten und auf jeden Fall ziemlich gesprächigen Sektor der öffentlichen Meinung hat in Europa die Welle der antikolonialistischen, antiethnozentrischen Strömung, haben die ökumenischen Tendenzen bei den Christen (zusammen mit einem Schuldgefühl wegen des alten, an den Muslimen begangenen Unrechts) zu der Ansicht geführt, jeder Kritik an den Dogmen oder Ritualen der Muslime (ja selbst an den profanen Gebräuchen der muslimischen Gesellschaft) hafte der üble Geruch der hegemonischen, kolonialistischen, verächtlichen Haltung von einst an. Diese Erscheinung ist durch den allgemeinen Rückgang der positivistischen Haltung verstärkt worden. Die kritischen Folgerungen der Orientalisten aus der vorhergehenden Epoche, betreffend die „heilige Geschichte" der Muslime und, in erster Linie, die Zusammensetzung des Korans, die damals als relativ gesicherte Erkenntnisse der Wissenschaft betrachtet wurden (was sie unserer Meinung nach sind), sind oft in Frage gestellt worden.

– Ein spezieller Platz ist den Nachfolgern des islamkundigen mystischen Spiritualismus von Louis Massignon einzuräumen, einer Haltung, die von dem Genannten inmitten der positivistischen Epoche als Reaktion auf ihre beherrschenden Tendenzen entwickelt wurde. Erinnern wir daran, daß dieser Wissenschaftler, eine widersprüchliche und geniale Persönlichkeit von enormer Gelehrsamkeit und von

blitzender Intelligenz, die persönliche „geistige Versuchs-
bank", wie er es nannte, als Kriterium für eine gerechte
Analyse geistiger Haltungen der muslimischen Vergangenheit betrachtete. Die neuen Tendenzen (darauf komme ich
noch), die über die Methoden der Ideenanalyse hinausgehen, die in der positivistischen Epoche in Mode waren, haben den Einfluß dieser Orientierung verstärkt. Man weiß,
daß sie durch die metahistorische Methode von Henry Corbin in einer bestimmten Richtung bis an die äußerste Grenze
geführt worden ist. Corbin, der vor allem auf dem Gebiet
der iranischen mystischen Philosophie der muslimischen
Epoche mit einem großen Wissen ausgerüstet ist und aus der
phänomenologischen Orientierung Schlüsse zieht, die sicher nicht alle ihre Anhänger unbedingt als mit ihr verbunden betrachten würden, gelangt zu theoretisch sehr saube-
ren und bis zu einem gewissen Grad aggressiven Erklärungen über die Notwendigkeit, von der Geschichte und der
sozialen Konditionierung abzusehen. Er kommt auf diese
Weise zu einer idealen Rekonstruktion der Geschichte der
muslimischen Philosophie auf der Basis des schiitischen
Denkens, wie es sich in einer Phase präsentiert, welche die
meisten Spezialisten als später, als weiter fortgeschritten betrachten im Vergleich zu gewissen Epochen des Denkens,
mit denen sich dieser Wissenschaftler befaßt. Mit sehr viel
geringeren Kenntnissen und auf einer mehr „praktischen"
Linie langt man bei der extremen Esoterik an (F. Schuon,
T. Burckhardt u. a., im Gefolge von René Guénon). Die
Werke dieser Autoren enthalten indessen auch Überblicke,
die selbst für jene annehmbar sein können, die ihre existentiellen Optionen keineswegs teilen. An der äußersten Grenze steht sogar der simple Übertritt zum Islam, für den René
Guénon ein Beispiel ist.

– Bald innerhalb und bald außerhalb dieser theologisch

beherrschten Tendenz und oft auf eine Weise zwischen den beiden Positionen schwankend, die nicht für alle klar ist, tauchen im Bereich des Studiums und der Analyse des Denkens, der „Seele", des religiösen Geistes sowie ihrer äußerlichen Manifestationen neue Fragestellungen auf, die auf jeden Fall befruchtend wirken. Wir spielen hier auf die Phänomenologie an (Waardenburg u. a.), auf die Semiologie des religiösen Diskurses (T. Izutsu, A. Arkoun u. a.), auf die verschiedenen Anwendungen der strukturalistischen Methoden.

Neue Disziplinen

Neue Disziplinen haben sich entwickelt, sind gegründet oder wissenschaftlich anerkannt worden; auch werden alte Disziplinen auf neuen Gebieten angewandt.

Erwähnen wir beispielsweise die zwar sehr deutliche, aber immer noch ungenügende Entwicklung, die das Studium der relativ jungen Perioden der Geschichte, früher verächtlich die „minderen Epochen" genannt, erfahren hat. Zu diesen gehört etwa der Iran nach den Mongolen oder das Osmanische Reich. Es ist richtig, daß die Beschäftigung mit dem Osmanischen Reich früher aus praktischer Notwendigkeit heraus, angesichts der Macht dieses gewaltigen Staates einen großen Aufschwung genommen hat; doch selbst das in unserer Zeit wiedergewonnene Interesse läßt die Zahl der Untersuchungen nicht das alte Niveau erreichen. Die Geschichte der zeitgenössischen Bewegungen und Staaten selbst sieht sich heute im allgemeinen weniger verachtet als in der Vergangenheit.

Die Wirtschafts- und Sozialgeschichte hat, besonders nach dem 1955 von Claude Cahen zu ihren Gunsten gehaltenen Plädoyer, eine markante Entwicklung genommen. Der erste Kongreß, der sich ausschließlich mit diesem Thema befaßte, fand 1967 in London statt.

Die Soziologie des Islams ist ein altes Interessengebiet. Ein Zeugnis dafür ist zum Beispiel das zu ehrgeizige Werk von Reuben Lévy, das bereits anfangs der dreißiger Jahre erschienen ist.[4] Übrigens ist jede Studie, die sich nicht ausschließlich mit Ereignissen befaßt, von soziologischer Tragweite, zumindest in einem allgemeinen Sinn dieses Wortes. In den ersten Jahrzehnten des 20. Jahrhunderts hat die *Année sociologique* von Durkheim jedes Jahr eine gewisse Zahl von Werken rezensiert, die die Welt des Islams in der Vergangenheit oder in der Gegenwart betrafen. Später gab dann Louis Massignon, der übrigens diese Rubrik auch aufgriff, seiner Vorlesung am Collège de France den Titel „Soziographie der muslimischen Welt". In den meisten Fällen der laufenden Produktion wäre es denn auch angezeigt, von soziographischen Studien zu sprechen. C. A. O. Van Nieuwenhuijze hat (neben anderen Arbeiten) dazu einen Überblick und eine Interpretation präsentiert.[5] Doch erscheinen seit kurzem auch rein soziologische Arbeiten. In diese Rubrik lassen sich die Werke einreihen, die über die einfache Beschreibung der Haltungen (die auch sehr notwendig ist) hinausgehen, um aus den Erscheinungen der muslimischen Welt Folgerungen auf der Ebene der allgemeinen Theorien der Gesellschaft zu ziehen, oder die diese Erscheinungen zumindest in den Rahmen theoretischer Überlegungen dieser Art stellen.

Man könnte sicher noch andere neue Gebiete anführen, zu denen Arbeiten erscheinen, die sich teilweise oder ganz auf Fakten aus der muslimischen Welt stützen. Ich beschränke mich auf die, die ich erwähnt habe.

Ziehen wir für den Augenblick nur einen Schluß: In vielerlei Hinsicht, in vielen Sektoren und bei vielen Geistern manifestiert sich das dringende Bedürfnis, den traditionellen Isolationismus der Islamkunde hinter sich zu lassen.

4. Die lokalen Tendenzen

Wie schon kurz erwähnt, manifestieren sich in den einzelnen Ländern Europas (und in Nordamerika) besondere Tendenzen. Diese hängen davon ab, wie tief die neuesten intellektuellen Strömungen jeweils eingedrungen sind, welcher Natur und Durchlässigkeit die universitären Strukturen sind und wie stark das mehr oder weniger traditionelle orientalistische Establishment innerhalb dieser Strukturen isoliert ist. In jedem Land hat die Geschichte der orientalistischen Studien einen großen Einfluß auf ihre heutige Situation.

Es wäre höchst interessant, länderweise Tabellen zu erstellen, die sich nicht auf die trockene Aufzählung der publizierten Arbeiten beschränken, sondern auch über die Ursprünge der daraus ersichtlichen Tendenzen Auskunft geben würden, über das proportionale Verhältnis der verschiedenen Untergebiete zueinander usw. Ich habe hier natürlich weder die Absicht noch die Möglichkeit, so etwas zu tun. Ich begnüge mich damit, auf die Darstellung hinzuweisen, die C. A. O. Van Nieuwenhuijze hier an dieser Konferenz für die Niederlande vorlegt.[6]

Indessen möchte ich rasch gewisse große Strömungen erwähnen, die der Entwicklung des islamkundigen Orientalismus in den „sozialistischen" Ländern Osteuropas eigen sind. Diese vormals oft sehr bemerkenswerte, ja sogar kühne Entwicklung bleibt heute meistens auf Detailstudien traditionellster Art beschränkt. Der Grund hierfür ist leicht auszumachen. Es ist gefährlich – zumindest was den Aufstieg in der universitären Hierarchie betrifft – und manchmal unmöglich, einigermaßen originelle Ideen zu äußern. Man riskiert sonst sofort, bei den offiziellen Theorien anzuecken und sich die mehr oder weniger gut fundierte Feindschaft derjenigen Intellektuellen zuzuziehen, die von Staat und Partei exklusiv damit beauftragt worden sind, Theorien auszuarbeiten. Dies bedeutet indessen nicht, daß diese Theorien nicht auch gültige Elemente enthalten oder daß die originellen Ideen, die doch geäußert werden, auch immer empfehlenswert sind. Führt man sich diese Situation vor Augen, dann begreift man, welche Vor- und Nachteile mit der freien Meinungsäußerung verbunden sind, und man wappnet sich mit Gelassenheit angesichts der Masse von mehr oder weniger dummen Arbeiten, die jeden Tag im Westen erscheinen, weil man begreift, daß sie das (bedauerliche und oft gefährliche) Lösegeld für diese Freiheit sind.

Man sieht also, weshalb sich die Wissenschaftler in den Ländern Osteuropas zurückgezogen haben – auf Detailstudien, die oft ausgezeichnet sind, auf äußerst gewissenhafte Texteditionen und auf die Kompilation von gepflegten und sehr gut angelegten Wörterbüchern, die oft unendlich kostbare ethnographische, historische und literarische Materialien in großer Zahl enthalten; ein Beispiel hierfür sind die vielen in der Sowjetunion erschienenen Wörterbücher der türkischen Sprachen.

Dies alles verhindert natürlich nicht, daß untergründig Ideen keimen, die eines Tages an die Oberfläche stoßen werden und die sich in manchen Publikationen bereits gelegentlich abzeichnen, mitunter eingekleidet in rituelle Formeln zur Würdigung der offiziellen Doktrinen. Das Zitieren der Klassiker des Marxismus muß als eine Vorsichtsmaßnahme dieser Art betrachtet werden. Man rufe sich in

Erinnerung, unter welchen Bedingungen Intellektuelle in den Ländern Westeuropas arbeiten mußten, als die absolute Monarchie und eine von den Kirchen durchgesetzte Staatsideologie herrschten. Es ist ermutigend, sich vor Augen zu führen, daß diese aus unserer Sicht wenig einladenden Bedingungen in günstigen Zeiten dennoch einen deutlichen Fortschritt der Forschung ermöglicht haben.

Halten wir auch fest, daß diese Regime auf eine Weise, die für den nichtinformierten Beobachter paradox erscheinen mag, der Entfaltung apologetischer Sehweisen der Religionen auf einem beschränkten Gebiet oft volle Freiheit gewähren. Ideen, die der offiziellen Staatsideologie zuwiderlaufen, aber nur ein beschränktes Publikum erreichen, das diese Ideologie sowieso nicht ganz akzeptiert, die außerdem Gebiete betreffen, welche die Theoretisierung der wesentlichen praktischen Aspekte der Regime nicht berühren, sind für diese kaum gefährlich und spielen die Rollen von nützlichen Sicherheitsventilen. So sieht man in Polen die traditionellste katholische Apologetik blühen, in Jugoslawien die konservativste muslimische Dogmatik usw.

5. Die Wege der Zukunft und des Fortschritts

Wie soll man sich die Zukunft der Studien über die muslimische Welt vorstellen? Welche Wünsche soll man formulieren bezüglich der Wege, deren Weiterverfolgung sich lohnen würde und von denen man annehmen kann, daß sie befruchtend auf die Forschung wirken? Ich will nachstehend meine persönliche Meinung zum Ausdruck bringen. Es ist mir völlig bewußt, daß sie sehr relativ und teilweise subjektiv ist, und ich will weder mir noch anderen verbergen, daß sie infolge persönlicher oder kollektiver Faktoren bestimmt unvorhergesehene Einschränkungen erfahren wird.

Zunächst darf man die bemerkenswerten und kostbaren Errungenschaften der beiden vergangenen Jahrhunderte nicht über Bord werfen. Es liegt da ein unendlich reiches Material vor, das man sicher teilweise oder ganz neu interpretieren kann und dessen Verlust einen katastrophalen Abfall des kulturellen Niveaus unserer Gesellschaften bedeuten würde. Und es hätte ebenso dramatische Folgen, die Werte der wissenschaftlichen Askese von einst aufzugeben. Wie früher muß der Forscher alle Anstrengungen unternehmen, um zu einer objektiven Sicht zu gelangen, selbst wenn er sich vor einer Asymptote sieht, selbst wenn es feststeht, daß eine vollkommene Objektivität für den Menschen unerreichbar ist. Aber dieses Ideal deshalb aufzugeben, wie manche es tun möchten, seine Forschung bewußt und willentlich der Verteidigung und Illustration eines Dogmas zu unterstellen, das sich auf eine vorgefaßte Meinung stützt (die im besten Fall sogar gerechtfertigt sein mag) – das wäre, tausend Beispiele aus der Vergangenheit bestätigen es, wie wenn man sich ins Wasser werfen würde, um nicht vom Regen durchnäßt zu werden. Auch das kann nur katastrophale Folgen zeitigen. Ferner muß der Wissenschaftler das ausgeprägte, von der Integrität unserer Vorgänger geerbte Bewußtsein haben, daß Umwege unerläßlich sind, daß es notwendig ist, Distanz zu gewinnen, bevor man zu solide begründeten Theorien gelangen kann. Es gibt keinen Königsweg für die Wissenschaft, wie Marx sagte; das wissenschaftliche Vorgehen kennzeichnet sich hauptsächlich dadurch, daß es Schritt um Schritt vordringt und sich Sprünge nur dann erlaubt, wenn es danach auf den eingeschlagenen Weg zurückkommt und ihn überprüft. Der Wissenschaftler muß vor seinem inneren Auge, in der Tiefe seines Herzens immer den ersten Aphorismus des Hippokrates bewahren, der praktisch den Beginn der gesamten westlichen Wissenschaft kennzeichnet und der von den arabischsprachigen Wissenschaftlern mit Vorliebe übersetzt wurde: „Das Leben ist kurz, die Kunst ist lang, der rechte Augenblick ist rasch enteilt, der Versuch ist trügerisch, das Urteil ist schwierig."[7]

Aber das wissenschaftliche Vorgehen hat auch Interessen miteinzubeziehen, die in der Vergangenheit nur eine geringfügige Rolle gespielt haben. Es muß sich einer Theoretisierung zuwenden oder ihr zumindest den Weg bereiten, und diese muß die modernsten allgemeinen Fragestellungen berücksichtigen, sich von ihnen inspirieren lassen, ohne sich ihnen indessen zu unterwerfen, ohne sie als etwas anderes zu sehen als das, was sie sind: Folgerungen, provisorische, einholbare Konstruktionen, die – immer mit einem hohen Grad an gefährlicher Extrapolation – die Erfahrung und das Denken einer Periode zusammenfassen. Es ist auch unerläßlich, die Mitarbeit der Wissenschaftler aus den untersuchten Ländern zu integrieren und zu organisieren, welches auch die bereits erwähnten Schwierigkeiten dieser Praxis seien.

Ebenso angezeigt ist es, die von der klassischen Gelehrsamkeit an den Rand gedrängten oder verachteten Gebiete zu integrieren. So die Beschäftigung mit den nichtklassischen Perioden (die mißbräuchlich als „dekadent" bezeichnet wurden) oder mit der Geschichte, die nicht Ereignisgeschichte ist (die Geschichte der „Mentalitäten", der Sitten usw.). Ferner ist vom reinen Faktensammeln abzusehen, denn es wird, ob man will oder nicht, ob man sich darüber Rechenschaft gibt oder nicht, immer von unbewußten oder unterbewußten vorgefaßten Meinungen inspiriert, die ihrerseits von der Gesellschaft und von der persönlichen Lebensgeschichte eingegeben sind, und man müßte zumindest bis zur Formulierung von Problemen vorstoßen. Diese Probleme wiederum lassen sich nur in einem bestimmten Rahmen sinnvoll behandeln, und dieser Rahmen kann meiner Meinung nach in seiner allgemeinsten Definition nur jener der soziologischen oder anthropologischen Methoden sein.

Es ist ratsam, die aktuellen Situationen in das fragliche Studiengebiet zu integrieren. Sie müssen, ohne daß man bei einer schlichten Fortsetzung der klassischen Kultur anlangen will, im Rahmen einer globalen Geschichte, Soziologie und Anthropologie der Moderne untersucht und hinterfragt werden. Unter diesem Blickwinkel ist es notwendig, daß sich der Forscher in einem gewissen Sinn in die Ideenströmungen, in die aktuellen Probleme der fraglichen Völker einlebt, aber nicht indem er sich dienstfertig ihren Moden, ihren aktuellen Tendenzen, ihren Ideologien unterwirft. Man soll zwar von ihren Fragestellungen profitieren, ohne aber die Lehren zu vergessen, die sich aus der Verwurzelung im eigenen Milieu und in der Kenntnis umfassenderer Gebiete ziehen lassen; gleichzeitig soll man zur Bereicherung der Diskussionen beitragen, die in diesen Völkern, die innerhalb dieser Gesellschaften stattfinden. Ich meine, man darf ihre Sicht der Probleme weder ignorieren noch mißachten, noch sich ihr unterwerfen, sondern muß versuchen, deren Wurzeln möglichst genau zu analysieren, ihre Ursprünge zu begreifen, ihre gültigen Elemente zu verarbeiten und seine eigene Arbeit zu bereichern. Es handelt sich um einen dialektischen Prozeß, bei dem beide Seiten ihre Beiträge zu leisten haben.

Man darf sich nicht darüber hinwegtäuschen, daß es sehr schwierig ist, dieses ideale Programm zu verwirklichen. Es steht fest, daß man auf ein oft äußerst unangenehmes Unverständnis und Mißtrauen stoßen wird. Aber das ist der Preis für den Fortschritt der Wissenschaft.

Eine Feststellung, die von der Erfahrung bestätigt zu werden scheint, mag trösten. Auf die Dauer werden Ernsthaf-

tigkeit und Aufrichtigkeit erkannt. Auch der meistge-
schmähte Forscher findet immer und überall Komplizen,
wenn er die goldenen Regeln des wissenschaftlichen Vorge-
hens befolgt. Er trägt dazu bei, daß Ideen keimen und sich
eines Tages weiterentwickeln, und er bereichert sein eigenes
Denken.

Auf jeden Fall lebt die Wissenschaft, und sie wird so lange
leben, als die Menschheit überlebt. Sie erscheint als ein fun-
damentales Bedürfnis des Menschen und der menschlichen
Gesellschaften, die sich alle auf die eine oder andere Weise
wissenschaftlichen Aktivitäten gewidmet haben. Diese rei-
hen sich immer in dieselben großen Kategorien ein. Es ist
absurd, die eine oder die andere dieser Kategorien in ihrer
Gesamtheit verwerfen zu wollen, wie es ideologisierende
Intellektuelle schon suggeriert haben, nur weil die verfolgten Interessen nicht immer von reinem Charakter waren.
Die Forschungstätigkeit, deren allgemeines Bild zu Beginn
dieses Vortrags skizziert worden ist, muß fortgesetzt werden, und sie wird fortgesetzt werden, unter welchem Aspekt
dies in Zukunft auch geschehen mag.

Einige abschließende Thesen

Beim letzten Durchlesen der vorangehenden Seiten habe ich
mich gefragt, welchen allgemeinen Eindruck sie wohl beim
Leser hinterlassen mögen. Mir scheint, dieser Eindruck wird
allzu optimistisch sein. Der Grund dafür ist klar. Ich habe
für Orientalisten geschrieben und gesprochen. Es war nicht
meine Aufgabe, sie zu belehren. Ich mußte den positiven
Tendenzen vertrauen, die ich in ihrer Aktivität ausmachen
konnte, ihren Fortbestand annehmen, ihren Sieg über die
Schatten, die das Bild noch verdunkeln.

Diese Tendenzen existieren bestimmt, und global gesehen werden sie durch den Auftritt der jungen Generationen verstärkt. Doch der Rundblick gibt weniger zu Optimismus Anlaß, als es scheinen könnte.

Man ist es gewohnt, manches dem schweren Gewicht der Vergangenheit anzulasten und alle Schuld auf die Ideologie abzuwälzen, welche die Kolonisation hervorgebracht hat. Darin ist ein wahrer Kern. Doch schließt man daraus zu rasch, die Entkolonisierung habe alle Mängel schon behoben oder werde es schnell tun oder eine radikale antikolonialistische (und sogar antineokolonialistische) Haltung bewahre uns für immer vor neuen Fehlern.

Denn das ist meines Erachtens ein Irrtum. Es gibt nicht nur das Gewicht der Vergangenheit, es gibt auch (und immer mehr wird man sagen müssen: vor allem) das Gewicht der aktuellen Situation. Die westlichen Spezialisten für die verschiedenen Länder, Völker, Gesellschaften und Kulturen, die dem Orient (oder anderen Regionen) zugerechnet werden, sind Mitglieder ihrer Gesellschaft (einer weltweit privilegierten Gesellschaft) und im allgemeinen Mitglieder der privilegierten Schichten ihrer Gesellschaften. Man muß daraus keine übertriebenen Schlüsse ziehen, aber die Tatsache ist da, und man darf sie nie vergessen.

Aus dieser Situation heraus entstehen Verzerrungen der Sehweise und des Urteils. Eine konditionierte Sehweise, ein konditioniertes Urteil, das ist normal, gestehen wir das zu. Die Philosophen von heute machen sich lustig über jeden Versuch, diese Situation zu überwinden. Woraus viele schließen, sie brauchten sich nur den Eingebungen der von ihnen bevorzugten Ideologie zu überlassen.

Man könnte das für richtig halten. Indessen polemisieren dieselben, die sogar das Wort Objektivität ablehnen, unaufhörlich, um nachzuweisen, daß sie recht haben, also um ihrer Sicht der Dinge einen höheren, adäquateren oder kohärenteren Stellenwert zu verleihen – ein Widerspruch, über den sie sich selten Rechenschaft geben.

Schließen wir mit der Feststellung, daß die fragliche Konditionierung nicht in ihrer Gesamtheit ein nichtwiedergutzumachendes Übel ist – und was ich vorgängig über die Sehweisen des Mittelalters gesagt habe, scheint mir das zu beweisen. Aber man darf auch nicht glauben, es gebe ein Wundermittel wie etwa, was uns hier betrifft, die totale Übernahme der Ansichten der ehemals oder immer noch beherrschten Völker. Den heterogenen Strömungen steht keine globale und siegreiche Alternative gegenüber, keine wunderbare Lösung, die tödliche Illusion aller Stalinismen. Nichts ist einfach, und die Widersprüche sind oft nicht lösbar. Man muß mit ihnen leben.

Versuchen wir einige Schlüsse zu formulieren:

1. Es gibt keine Orientalistik, keine Sinologie, keine Iranologie usw. Es gibt wissenschaftliche Disziplinen, die durch ihren Gegenstand und ihre spezifische Fragestellung definiert sind, wie die Soziologie, die Demographie, die Volkswirtschaftslehre, die Linguistik, die Anthropologie oder Ethnologie, die verschiedenen Zweige der allgemeinen Geschichte usw. Sie können auf verschiedene Völker oder Regionen in verschiedenen Epochen angewendet werden unter Berücksichtigung der Besonderheiten der betroffenen Völker oder Regionen und Epochen.

2. Es gibt keinen Orient. Es gibt auf der Erde Völker, Länder, Regionen, Gesellschaften und Kulturen in großer Zahl. Manche weisen (dauerhafte oder vorübergehende) gemeinsame Merkmale auf. Jede Studie, die an einer oder mehreren dieser Entitäten teilhat, muß durch gewisse gemeinsame Charakteristika während einer bestimmten Perio-

de gerechtfertigt sein. Andere Charakteristika, die spezifischer Natur sind, bleiben immer ausgeschlossen.

3. Es gibt noch viele Orientalisten, die Gefangene der Orientalistik, die in einem Getto eingeschlossen sind und die sich in dieser Rolle gefallen. Das Konzept selbst der Orientalistik entstand aus den vorübergehenden praktischen Notwendigkeiten, vor die sich die europäischen Wissenschaftler gestellt sahen, die sich mit dem Studium der anderen Kulturen befaßten. Es ist durch die Vorherrschaft der europäischen Gesellschaft verstärkt worden, und diese Situation hat die Sicht der Wissenschaftler sehr verzerrt.

4. Das Gefallen, das die Orientalisten an ihrem Getto finden, ist noch akzentuiert worden durch die Erfordernisse der Spezialisierung und die Verführungen der Professionalisierung – beides universelle Faktoren. Die Spezialisierung ist eine Pflicht der ernsthaften und gründlichen wissenschaftlichen Arbeit. Doch führt sie gerne zu einer speziellen, engen, kleinlichen Auffassung der Fakten. Die Professionalisierung bietet zahlreiche Versuchungen an: Bewunderung der Umgebung, Aufstieg auf einem Weg, der von Ehren und Vorteilen gesäumt ist, Anregung durch den Kampf um die Macht in einem vertrauten Milieu – eine schäbig begrenzte Macht, die aber Leidenschaften zu wecken vermag, die eines Caesars oder Napoleons würdig sind! Und vieles mehr. Die Professionalisierung fügt ihren eigennützigen Anstrich zu den von der Spezialisierung verursachten Verzerrungen hinzu. Letztere sind wahrscheinlich unvermeidlich. Der Chirurg, der uns mit einem kompetent ausgeführten Eingriff das Leben rettet, hat auch seine berufsbedingten Deformationen, aber wir sind ihm dankbar! Bemerken wir noch, daß den Entwicklungsländern, die sich den Luxus von professionellen Spezialisten nicht leisten können, oft schwere Nachteile erwachsen. Dilettanten sind oft schlimmer!

Die Spezialisten anderer Disziplinen tragen dazu bei, die Orientalisten in ihrem Getto einzuschließen. Selbst wenn ihr Thema sie eigentlich dazu auffordert, scheuen sie es (nicht grundlos!), ihre Untersuchung auf ein mehr oder weniger „orientalisches" Gebiet auszudehnen, das ihnen nicht vertraut ist. Sie rechtfertigen sich damit, dieses Gebiet sei ja die Domäne eines Kollegen. Das ist ein professionalistisches Spezialistenargument.

Marx bezeichnete es als „parlamentarischen Kretinismus", das Leben eines Landes nur im Licht der im Parlament stattfindenden Auseinandersetzungen sehen zu wollen. „Kretinismen" dieser Art gibt es viele. Die wissenschaftlichen Probleme nur innerhalb der Grenzen der eigenen Spezialität anzugehen und sie den gebräuchlichen Regeln des eigenen Berufs zu unterstellen, ist eine Art von Kretinismus, die noch sehr häufig ist. Er hat für den Wissenschaftler große psychologische Vorteile: Es entsteht eine Domäne, in der er und seine Kollegen souveräne Meister sind und jeder von außen an sie herangetragenen Ansicht jegliche Erheblichkeit absprechen. Zu seiner Entschuldigung ist zu sagen, daß die Arbeit eines jeden Spezialisten recht aufreibend und ein Ausbrechen aus dem eigenen Gebiet – anders als indem man da und dort einige unzusammenhängende Ideen aufgreift – nur unter großen Anstrengungen möglich ist.

Dennoch führt der Mechanismus der wissenschaftlichen Arbeit um der wissenschaftlichen Arbeit willen zu vielen sehr wertvollen Ergebnissen.

5. Alle diese Einstellungen wiegen um so schwerer, als sie in vielen Fällen mit einem konformistischen Konservatismus einhergehen. Das ist ein statistisches Ergebnis ihrer sozialen Herkunft und Situation, selbst wenn dies nicht eine zwingende Folge ist und selbst wenn dieselbe Ausgangssituation auch Umstürzler hervorbringen kann, die um so extremer

sind, als ihre Verbindung mit einer realen Situation künstlich und abstrakt ist.

Der Konservatismus ist oft eine unbewußte Haltung. Der Konformismus macht dabei nur die Färbung der Einstellung aus: sich von der Treue zu den etablierten Strukturen lossagen ist nicht nur eine verfehlte, sondern auch eine unanständige Haltung. Es versteht sich, daß die fortgeschrittene kapitalistische Gesellschaft, die über einen gutfunktionierenden Rückgewinnungsmechanismus verfügt, den Dissidenten oft belohnt und in Mode bringt. Doch die traditionellen Strukturen bleiben stark, die konservativen Vergeltungen sind unbegrenzt wiederholbar. Im großen und ganzen ist es von praktischem Interesse, in der Norm zu bleiben oder auf sie zurückzukommen – nach einem Abstecher, der diese Rückkehr ins rechte Licht setzt. Im großen und ganzen hat man auf diese Weise mehr Aussichten, sich den „Erfolg", den beruflichen und gesellschaftlichen Aufstieg zu sichern.

Der Konservatismus besteht darin, die Änderung zu fürchten, ihr zu mißtrauen, Angst vor ihr zu haben. Jede „Destabilisierung" – ein Ausdruck, der bezeichnenderweise und in negativem Sinn in Mode gekommen ist – ist beunruhigend, sie wird abgelehnt, und ein Zensurmechanismus verpflichtet dazu, sie möglichst zu verleugnen, indem man ihren Einfluß, ihre Realität, ihre Intensität herabmindert. Dies obschon die „Destabilisierung" das Gesetz der Geschichte ist – wenn auch in Verbindung mit einer „Restabilisierung", wie man zugeben muß.

Der Konservative entwertet die Bewegung und verewigt die Strukturen der Gegenwart. Er macht daraus eine Essenz der Dinge. Er ist von Grund auf essentialistisch. Die aktuelle Struktur ist ewig, weil sie ewigen Essentia treu ist. Es gibt tausendundeine Arten von Essentialismus: den der Rasse, den des Volkes, den der Ideologie, selbst den der Klasse und des Staates. Der Essentialismus kann dennoch zur Unterstützung einer Revolte, einer Revolution führen, aber unter der Voraussetzung, daß sie rasch eine Restabilisierung herbeiführt zugunsten der Struktur, die den Essentialisten begünstigt.

Eine Essenz bevorteilen, das bedeutet die Mechanismen außer acht zu lassen, die sie formen, die sie untergraben, die sie zerstören. Das bedeutet, einzig ihre „Idee" zu berücksichtigen. Es ist ein Idealismus. Niemand weiß, was der historische Materialismus eigentlich ist. Eine einzige Definition ist gültig: Das ist der Kampf gegen den historischen Idealismus, gegen diese vielgestaltige und sehr greifbare Hydra, die immer wieder und spontan auftaucht und selbst von denjenigen unserer Philosophen „produziert" wird, die sich „Materialisten" nennen und meinen, sie seien es.

Die konservative Mehrheit weigert sich, den Revolten von heute irgendeine Legitimität zuzuerkennen und bemüht sich nach Kräften, sie zu verleugnen. Sie verweist dabei auf die mythologisierende Sprache der Revoltierenden und auf ihre oft verurteilenswerte Praxis. Das sind Realitäten, aber man muß über sie hinausblicken können, und es entschuldigt weder die konservativen Mythologisierungen noch das Vergessen der nicht weniger verurteilenswerten Praktiken, die der Mechanismus der Konservierung erst seit kurzem und erst teilweise aufgegeben hat.

6. Der Konservatismus veranlaßt den Konservativen, vor allem zurückzuschrecken, was ihm mit einer Destabilisierung verbunden zu sein scheint, und zwar sowohl im Bereich der Ideen als auch in dem der Praxis.

Gewiß stehen die vom rassistischen Essentialismus vorgebrachten Erklärungen weitgehend in Mißkredit, wenigstens dann, wenn sie offen dargelegt und eingestanden werden.

Doch er hat breite Spuren hinterlassen, und viele der Konversionen, die der Erfolg der Entkolonisierung inspiriert hat, sind nur halbwegs oder gar nicht aufrichtig. Gewiß wird die theologisch beherrschte Sehweise nicht mehr mit derselben ruhigen Zuversicht von einst aufgenommen, sie weckt Zweifel in der zentristischen Mehrheit der Orientalisten. Aber auch da fällt man in der Praxis leicht wieder in Methoden zurück, die theoretisch verworfen werden. Der Erfolg der politischen Bewegungen, die sich des religiösen Banners bedienen, kann das Wiederauftauchen solcher unterirdischer Ströme nur begünstigen.

Wenn diese Erklärungen, zumindest nach außen, im ganzen verworfen werden, so ist es die panische Angst vor allem, was auch nur von ferne die marxistische Fragestellung evoziert, die meines Erachtens die Abneigung gegen ganzheitliche Vorstellungen von sozialen Mechanismen erklärt. Dies vor allem dann, wenn diese ganzheitlichen Vorstellungen dazu neigen, den ideologischen Faktoren einen Platz zuzuweisen, der zumindest in hohem Maß durch die Situationen bedingt, von ihnen abgeleitet ist (erinnern wir daran, daß der Ausdruck „Ableitung" von Pareto stammt, nicht von Marx). Alles was in Richtung eines gewissen Primats der wirtschaftlichen, politischen, sozialen Situationen geht, auf einer bestimmten Ebene, an einem bestimmten Platz, beschwört für den Konservativen den zu Recht gefürchteten Schatten des Gulag und das Gespenst der Erhebung der Massen in der abhängigen Welt. Die zumindest partielle strategische Allianz der sogenannten sozialistischen Staaten mit den Machthabern, welche die besagte Revolte kanalisieren, kann dieses Gefühl nur noch verstärken. Dasselbe gilt von den autoritären Regierungspraktiken der Länder mit neuerworbener Unabhängigkeit.

Die politischen Haltungen, eingeschlossen jene, die sich

hinter der apolitischen Maske verbergen, beherrschen die globalen Vorstellungen und insbesondere die Vorstellungen von der Vergangenheit. Aus diesen Abneigungen, aus diesen Befürchtungen des Konservatismus entstehen die Ablehnung einer strukturierten Gesamtsicht der Gesellschaft und, infolgedessen, der Eklektizismus der Erklärungen, die Suche nach einem illusorischen Mittelweg zwischen den von den verschiedenen Seiten vorgeschlagenen Faktoren, die verzweifelte Suche nach einem nutzlosen Gleichgewicht.

Die erratischen Hinweise auf zahlreiche unzusammenhängende Faktoren, deren Unordnung als naturgegeben erklärt oder einfach suggeriert wird, haben unter dem Gesichtspunkt der Erfolgssuche, der erstrangigen Motivation des Intellektuellen, viele Vorteile. Das bunte Allerlei, das schillernde Bild, das ständige Verschieben der Elemente und der Beleuchtungen ergeben den Eindruck, man berühre mit der Fingerspitze eine vielgestaltige Realität, man sehe eine souveräne geistige Freiheit sich entfalten, man würdige auch die tausend Facetten der verschiedenen ethnisch-nationalen Kulturen.

Viele Geister wünschen sich neue Fragestellungen, an denen sie sich erproben könnten, doch sehen sie sich vor Alternativen gestellt, die in Wirklichkeit Zufluchtsorte sind. Sie können etwa, auf nützliche Weise übrigens, im Rahmen der neuen strukturalistischen Techniken aktiv werden, die wirklich innovatorisch wirken, wenn auch nur auf beschränkten Gebieten: dem der Linguistik, der Literaturtheorie, der anthropologischen Analysen usw. In der Geschichte spielt die (ebenfalls sehr nützliche) Idee der langen Dauer, der Untersuchung der Mentalitäten usw. unter anderem dieselbe Rolle. Man könnte weitere Beispiele anführen, bei denen die Berücksichtigung von Themen aus der Psychoanalyse, die Anwendung von mathematischen Methoden etc. dieselbe

Funktion haben. Der Hang, die Rolle der Sprache möglichst herauszuheben, bringt manchmal faszinierende Untersuchungen hervor, wie abwegig sie auch sein mögen.

Alle diese Methoden wecken Begeisterung. Dazu ist nichts zu sagen, außer daß sie alle eine Exklusivität, eine Totalität in sich bergen, die nicht weniger täuschend ist als jene der alten Methoden. Diejenigen, die sich hier engagieren, haben das Gefühl, an einem revolutionären Unterfangen beteiligt zu sein, das in die Tiefe gehen, sich entwickeln, eine immer größere Zahl von Forschern mitreißen und dadurch die anerkannten Vorstellungen von der Welt umstürzen wird. Daher diese exklusive und oft fanatische Begeisterung. Sie sehen nicht, daß dieser Umsturz nur partiell ist und die ganzheitliche Vorstellung nicht berührt, daß er sogar von deren Erneuerung ablenkt. Insbesondere bieten sich da tausend Möglichkeiten an, das zentrale Problem der Macht zu umgehen – der höchsten Macht in einer Gesellschaft, der politischen Macht nämlich, und nicht der zahlreichen verschwommenen Kräfte –, das Problem der Situationen, die es ermöglichen, die Macht auszuüben oder sie anzugreifen. Wenn man diese kapitale Dimension außer acht läßt, dann riskiert man, von den Mechanismen einer Gesellschaft nichts zu begreifen; ebenso wenn man nicht berücksichtigt, daß eine Gesellschaft vor allem ihr Überleben und ihre Reproduktion sichern muß.

Diese innovatorischen Methoden werden von den Konservativen, wenigstens von denen, die nicht allzu borniert sind, mit Nachsicht betrachtet. Doch stemmen sie sich mit aller Macht gegen jede ganzheitliche Vorstellung, die den wirtschaftlichen, sozialen und politischen Situationen eine Schlüsselrolle zuschreibt. Neben den eigentlichen politischen Anschuldigungen, auf die ich schon angespielt habe, bezichtigt man beispielsweise jene, die solche Ideen vortragen, des Reduktionismus. Wie wenn die strategische Plazierung eines Faktors bedeuten würde, alles darauf zu reduzieren! Wie wenn die geläufige – erklärte oder schleichende – Reduktion auf den alleinigen ideologischen (und speziell religiösen) Faktor nie klar aufgezeigt würde!

Wenn die konservativen Orientalisten auch bereit sind, den Revolten, die auf Faktoren politischer oder sozialer Beherrschung zurückzuführen sind, den Kämpfen zwischen verschieden situierten sozialen Akteuren, den sozialen Strukturen also, für unsere Zeit eine besondere Bedeutung zuzuerkennen, so möchten sie sie doch auf das 20. Jahrhundert, eventuell noch auf das 19., beschränkt sehen. Jeder Hinweis auf die Wirkung derselben Faktoren in der Vergangenheit ist ihnen zuwider und verursacht zumindest ein Unbehagen. Daher auch die erklärte Weigerung, im Lauf der Geschichte dauerhafte oder immer wieder auftretende Strukturen zu erkennen. Tatsachen und sogar Wörter aus der Gegenwart, die auf die Vergangenheit angewendet werden, erhalten dadurch einen sozusagen obszönen Anstrich. Man rechtfertigt sich mit dem Historismus, genauer mit dem festen Willen, die Bedingungen der Gegenwart nicht auf die Vergangenheit zu übertragen.

Eine solche Weigerung ist legitim und sogar sehr nützlich angesichts der Anachronismen, die von den gestrigen und den heutigen Ideologen im Übermaß produziert werden. Aber man darf ihre Tragweite nicht überschätzen. Man wird auch nicht so weit gehen und mit Ibn Ḥaldūn, dem genialen arabischen Soziologen des 14. Jahrhunderts, sagen: „Die Zukunft ist der Vergangenheit ähnlicher als das Wasser dem Wasser." Doch lag darin eine sehr richtige soziologische Wahrnehmung der Beständigkeit dauerhafter oder immer wieder auftretender Strukturen durch Zeiten, Orte und soziale Formationen hindurch. Dies ganz einfach deshalb, weil es Gesetze gibt, die jede denkbare menschliche Gesellschaft und auch alle Gesellschaften desselben Typs konditionieren.

7. Die Lösung besteht für die Mehrzahl der Wissenschaftler, von denen hier die Rede ist, darin, die Praxis ihrer Vorgänger unkritisch fortzusetzen, indem sie ausschließlich einer Arbeit gelehrter Akkumulation nachgehen. Weil sie aber doch den Wunsch verspüren, einen wichtigen Vorstoß zu unternehmen, glauben sie mitunter, die Wissenschaft mit einer außergewöhnlichen Theorie, mit einer neuen Kombination bekannter Elemente oder mit einem Umstoß von Daten, Orten oder Fakten voranbringen zu können. Oder sie weiten irgendeine Folgerung aus einem engen wissenschaftlichen Bereich zu einer allgemeinen Theorie aus. Das Ergebnis ist selten positiv. Es ist oft sogar jämmerlich.

Jedenfalls sehen diese Spezialisten nicht, daß sie bis in die Wahl ihrer eigenen Forschung hinein bedingt sind durch implizite Ideen, nämlich jene ihrer Epoche, ihrer sozialen Schicht, ihrer Lehrer. Diese Ideen lasten auf vielen ihrer Schlüsse, selbst auf Teilschlüssen, auf den wenigen Fragen, die sie sich stellen, und auf den vielen, die sie sich nicht stellen. Sie lenken die Forschung in eine bestimmte Richtung. Man entgeht seiner Gesellschaft und seinem Milieu nicht so leicht.

8. Die hier formulierte Kritik soll nicht dazu führen, daß wir die ganze Arbeit, die geleistet wird, selbst von Autoren, deren (explizite oder implizite) allgemeine Ideen anfechtbar sind, verdrängen, mißachten oder vernachlässigen. Es ist unwichtig, was für Gedanken sich Champollion zur Gesellschaft gemacht hat, er hat die Hieroglyphen entziffert! Ich habe dies schon genügend hervorgehoben, um hier nur noch kurz daran zu erinnern. Man müßte nur dann speziell darauf beharren, wenn erneut versucht wird, die Theorie

Schdanows durchzusetzen – morgen vielleicht von der Rechten in unseren Ländern, im Augenblick vor allem von der extremen Linken, aber auch von den totalitären Regimen jeder Färbung, die in den Ländern mit neugewonnener Unabhängigkeit an der Macht sind.

Ich habe von den Gefahren der Theorie der zwei Formen wissenschaftlichen Erkennens gesprochen, welche normalerweise bei jeder Infragestellung eines Establishments auftauchen. Diese Theorie, wie viele ihrer Art, ist die tödliche Ablenkung von kritischen Äußerungen oder Ideen, wie sie eben formuliert worden sind und die mir wohlbegründet scheinen, ein Übergang zu einer unheilvollen Grenze mit katastrophalen Folgen. Es ist richtig, daß jede wissenschaftliche Arbeit, jede Forschung mit den allgemeinen Auffassungen in Verbindung steht, welche die dominierenden oder kritischen oder beide Schichten einer Gesellschaft durchdringen. Aber diese Verbindungen sind selten unmittelbarer Natur und betreffen meistens auf widersprüchlichste und indirekteste Weise die politischen Ausrichtungen dieser Schichten. Es ist auch richtig, daß jede wissenschaftliche Folgerung eine Rückwirkung, und sei sie noch so winzig, auf die Strukturen und Optionen der Gesellschaft haben kann, in der sie formuliert worden ist. Aber auch diese Rückwirkung erfolgt meistens indirekt, ist komplex und widersprüchlich.

In einem totalitären Regime, werde es als rechts oder als links bezeichnet, führt die Vorstellung von den Quellen (flußaufwärts) und von den Folgen (flußabwärts) der wissenschaftlichen Arbeit zu der totalen Mobilisation der Wissenschaftler im Dienst der ideologischen Linie, die der Regierungspolitik entspricht. Dasselbe gilt für straff organisierte, disziplinierte, ideologisch strenge Parteien. Es handelt sich dann nicht mehr um einen diffusen Einfluß der

Situation, sondern um Ukasse eines unverantwortlichen und im allgemeinen inkompetenten bürokratischen Zentrums. Dieser gefährlichen, für die Wissenschaft tödlichen Mobilisation, die sich oft sogar auf die Richtungen fatal auswirkt, die sie verteidigen sollte, ist die relative, aber wirkliche Autonomie der Forschung entgegenzusetzen, die Freiheit, die der Forscher braucht, um zu irgendeinem Ergebnis zu gelangen. Das ist ein Prinzip, das man, von den härtesten Zeiten abgesehen, durchzusetzen vermag, wenigstens auf den Gebieten, die mit der Ideologie der herrschenden Macht am wenigsten zu tun haben. Im allgemeinen gibt es eine Zone der Bewegungsfreiheit, die man verteidigen kann, sogar gegen sich selbst, wenn die Hingabe an die gemeinsame Sache zu allen Selbstverleugnungen auffordern sollte. Man kann in der Menschheit überall und immer eine Tendenz beobachten, die sich nicht unterdrücken läßt, die Tendenz zur Verselbständigung der Aufgaben. Wenn die übertriebene Spezialisierung, die verbissene Arbeit des Wissenschaftlers zu einer Begrenzung und Verzerrung der Perspektive führen, wie schon gesagt worden ist, so können sie andererseits in Zeiten der alles mobilisierenden Tyrannei eine Zuflucht darstellen, eine Zone der Freiheit, welche die Zukunft bewahrt und von der aus sich mit der Zeit, wie wir schon gesehen haben, eine freiere wissenschaftliche Tätigkeit entfalten kann.

9. Es gibt kein Allheilmittel, keine Wunderlösung für die Aporien der wissenschaftlichen Aktivität, für welche die Situation, die abgeleiteten Ideologien der Orientalisten nur ein Beispiel sind.

Das Heilmittel gegen die Unterwerfung der Orientalisten unter die dominierenden Ideologien der liberalen bürgerlichen Gesellschaft ist nicht die blinde Zuflucht zu den Ideologien, die sie in Frage stellen, so verführerisch das auch wäre.

Es ist nicht die Zuflucht zum dogmatisierten, ideologisierten Vulgärmarxismus der marxistischen Institutionen, Staaten oder Gegenstaaten. Die Kritik, die von dieser Seite kommt, ist oft zutreffend und heilsam. Die Theorien können gültige Elemente enthalten. Aber dieser Weg führt an Mythen heran, die nicht weniger illusorisch und unheilvoll sind als die kritisierten. Der Essentialismus und der Idealismus von Rasse-Nation-Volk tauchen in verkleideter Form wieder auf. Der idealistische Essentialismus der (oft fiktiven) Klasse und des (sozialistisch genannten) Staates, die beide per definitionem als fehlerlos und unfehlbar gelten, zeitigt fatale Ergebnisse.

Das Heilmittel ist auch nicht in der nationalistischen Ideologie der Abhängigen, der ehemals Kolonisierten zu sehen. Dies wie real ihre Klagen auch sein mögen, wie zutreffend ihre Kritik auch sei und wie nötig ihre Berücksichtigung. Doch ist diese Kritik meistens summarisch. Eine Kritik, die nicht über das nationalistische Stadium hinauskommt, neigt im allgemeinen dazu, die Apologetik einer Nation oder einer Gruppe von Nationen zu ersetzen. Dies führt vom wissenschaftlichen Standpunkt aus gesehen nicht weit. Die Wirkungen, die mit intellektuellem Terror und militanter Nachahmung erzielt werden, dienen häufiger der Sache der Intellektuellen und der Bürokraten der Dritten Welt, also der privilegierten Schicht, als der Sache der Massen, zu deren Wortführer sie sich machen. Dies vermindert die Erheblichkeit ihrer Äußerungen nicht, doch sind auch sie einer kritischen Überprüfung zu unterziehen. Diese Äußerungen sollten nicht zur Passivität oder zur Servilität anregen. Der außenstehende Beobachter mag beispielsweise schlecht informiert oder übelwollend sein. Aber an sich ist das kein Verbrechen, es ist ein Recht, das bewahrt werden muß; sein Blick ist einer der nützlichsten, der unerläßlichsten Beiträge zu einer umfassenden Untersuchung über sich selbst.

10. Man wird die Arbeiten über die Völker, Kulturen und Gesellschaften der zahlreichen Regionen, die man früher unter der Bezeichnung Orient zusammenfaßte, weiterführen. Es werden immer mehr Fachleute daran teilnehmen, die aus dem betreffenden Land oder der betreffenden Region selbst stammen. Wie die westlichen Wissenschaftler werden aber auch sie nicht auf wunderbare Weise von den Fesseln loskommen, welche die Ideologien und sozialen Bedingungen ihrer Wahrnehmung anlegen, ob es sich nun um Faktoren handle, die unserer Epoche eigen sind oder die jeder intellektuellen Aktivität zu allen Zeiten innewohnen.

Ein gewisser Fortschritt wird stattfinden, und sei es auch nur unter dem Druck der angehäuften Kenntnisse. Aber nichts wird die Hindernisse völlig beseitigen können, die sich den Anstrengungen der Forscher in den Weg stellen. Das Verstehen wird nur über Zwänge und Widersprüche vorankommen, die mit denen der Vergangenheit Ähnlichkeit haben oder sogar mit ihnen identisch sind. Der theoretische Fortschritt wird weder von den Fakten spontan ausgelöst werden noch werden ihn die Auswertung einer großen genialen Idee oder Theorien, die eine globale Vorstellung von der Gesellschaft vernachlässigen, oder die Beschäftigung mit einem einzigen Gebiet herbeiführen.

11. Die wissenschaftlichen Untersuchungen beeinflussen die herrschenden Ideen weit weniger als umgekehrt. Das andere wird nicht so sehr um seiner selbst willen wahrgenommen und in Betracht gezogen; vielmehr ist wichtig, was es darzustellen scheint: eine Hoffnung, eine Drohung, im Zusammenhang mit Leidenschaften und Interessen, um eine interne Strömung zu verstärken oder zu veranschaulichen. Niemand haßt oder liebt ein anderes Volk, ein anderes kul-

turelles Universum ohne innere Beteiligung. Die Bilder, die wir uns machen, durchlaufen den üblichen Prozeß der Bildung und Entwicklung von Ideologien. Ein weites Feld – und man hat kaum erst begonnen, es urbar zu machen.

Anmerkungen

Einleitung

1. Ich habe versucht, in der Typologie der Einstellungen und in der Suche nach ihren Quellen weiter voranzukommen, insbesondere in den beiden folgenden Artikeln: „Racisme et ethnisme", *Pluriel*, Nr. 3 (Paris 1957), S. 7–27, sowie „Nation et idéologie", *Encyclopaedia Universalis*, Bd. 11 (1971), S. 571–575.
2. Es handelte sich um die vollständig neue Ausgabe eines Buchs, das zu seiner Zeit berühmt war: *The Legacy of Islam*, Hg. Sir Thomas Arnold (†) und Alfred Guillaume (London: O.U.P., 1931); es war in einer Reihe erschienen, in der von Fachleuten auch die „Vermächtnisse" Griechenlands, Roms, Israels, Chinas, des Mittelalters, des antiken Ägyptens u.a. inventarisiert worden waren.
3. Joseph Schacht, 1902 in Ratibor (heute Racibórz) im damals noch deutschen Schlesien geboren, 1969 gestorben, war einer der sehr wenigen Deutschen, die sich rein aus Prinzip (er war nicht Jude und war politisch nicht fest engagiert) schon bei der „Machtergreifung" Hitlers von ihrem Land losgesagt haben. 1934 verließ er als renommierter Hochschullehrer Deutschland für immer und schrieb nie mehr in deutscher Sprache; während des Krieges arbeitete er mit der BBC zusammen und wurde 1947 englischer Staatsbürger. Siehe auch die Nekrologe von R. Brunschvig in *Studia Islamica*, Nr. 31 (Paris, 1970), S. V–IX, sowie von Ch. Pellat in *Arabica*, Bd. 17 (Leiden, 1970), S. 1–2 usw.
4. Rodinson, M., „The Western Image and Western Studies of Islam", *The Legacy of Islam*, 2. Aufl., Hg. Joseph Schacht (†) und C.E. Bosworth (Oxford: Clarendon Press, 1974), S. 9–62.
5. An erster Stelle der Vortrag, den ich am 27. Dezember 1969 in

Kairo gehalten habe und von dem (von mir nicht durchgesehe-
ne) Zusammenfassungen auf arabisch in der Zeitung *al-Ahrām*
vom 29. Dezember erschienen sind sowie in der Zeitschrift *al-
Ṭalīʿa*, Kairo, 6. Jhg, Nr. 2 (Februar 1970), S. 48–83, mit Aus-
zügen aus den Diskussionen.

6. Zusammen mit dem zweiten hier publizierten Text: Rodinson,
   M., *La fascination de l'Islam, étapes du regard occidental sur le
   monde musulman*, Niederländische Gesellschaft für das Studium des Mittleren Ostens und des Islams (Nijmegen, 1978).
   Diese Publikation, die ich nicht durchsehen konnte, enthält eine große Zahl von Wiedergabefehlern, Druckfehlern, Auslassungen usw. Sie gelangte nicht in den Handel, sondern wurde
   unter den Teilnehmern eines internationalen Kongresses für islamische Studien verteilt.

7. Watt, W. M., „L'influence de l'Islam sur l'Europe médiévale",
   Revue des études islamiques, Bd. 40 (Paris, 1972), S. 7–41,
   297–327; Bd. 41 (1973), S. 127–156.

8. Rodinson, M., „Les influences de la civilisation musulmane sur
   la civilisation européenne dans le domaine de la consommation
   et de la distraction", Convegno Internazionale, 9–15 Aprile
   1969, Tema: Oriente e Occidente nel Medioevo: Filosofia e
   scienze, Academia nazionale dei Lincei (Rom, 1971),
   S. 479–499; sowie „Dynamique de l'évolution interne et des influences externes dans l'histoire culturelle de la Méditerranée",
   Actes du premier Congrès d'études des cultures méditerrané-
   ennes d'influence arabo-berbère (Malta, 1972; Algier,
   S. N. E. D., 1973), S. 21–30.

9. Mit einem Vorwort von Edmond Rabbath (Beirut, 1977; Publikation der libanesischen Universität, Abteilung Historische
   Studien, Nr. 22).

10. Djait, Hichem, *L'Europe et l'Islam* (Paris: Seuil, 1978; collec-
    tion „Esprit").

11. Said, Edward, *Orientalism* (London und Henley: Rout-
    ledge and Kegan Paul, 1978). Die deutsche Übersetzung ist
    1983 bei Ullstein unter dem Titel *Orientalismus* erschienen.

12. Ein anderes, gleich gelagertes Exposé ist erschienen unter dem

Titel „Situation, acquis et problèmes de l'orientalisme islamisant", *Le mal de voir, ethnologie et orientalisme* (Paris: U.G.E., 1976; collection 10/18, Nr. 1101), S. 242–257.

Die muslimische Welt im Spiegel des Westens

1. Das Mittelalter: Kampf zweier Welten

1. *Chronique dite de Frédégaire,* IV, § 66, Hg. und Übers. J.-M. Wallace-Hadrill (London, 1960), S. 53 f.
2. *Ibid.,* § 81, S. 68 f., Übersetzung Guizot revue.
3. *Historia ecclesiastica gentis Anglorum,* V, 23, Hg. und Übers. B. Colgrave und R. A. B. Mynors (Oxford, 1969), S. 556–557.
4. *Annales regni Francorum,* Hg. F. Kurze (Hannover, 1895). *Scriptores rerum Germanicarum* in usum scholarum, S. 94 f.
5. *Ibid.,* S. 114, 131 usw.
6. *Expositio totius mundi et gentium,* § 20, Hg. J. Rougé (Paris, 1966).
7. Vgl. die Zusammenfassung der Fakten in Levi-Provençal, E., *Histoire de l'Espagne musulmane,* 2. Aufl., I (Paris und Leiden, 1950), S. 255 ff. Über das Bild des Islams bei den östlichen Christen siehe Ducellier, A., *Le Miroir de l'Islam, Musulmans et chrétiens d'Orient au Moyen-Age (VIIe–XIe siècles)* (Paris: Juillard, 1971), Coll. „Archives", Nr. 46.
8. *Chanson de Roland,* 3220 f.
9. Guillaume de Tyr, XI, 20 *(Receuil des historiens des Croisades, Historiens occidentaux,* I/1 [1844], S. 487; franz. Übersetzung éd. Paulin Paris, I [Paris, 1879], S. 413); vgl. Grousset, R., *Histoire des Croisades,* I (Paris, 1934), S. 275 f.; La Monte, J. L., „Crusade and Jihâd", *The Arab Heritage,* Hg. N. A. Faris (Princeton, 1944), S. 168 f.
10. Nach Dreesbach, E., *Der Orient in der altfranzösischen Kreuzzugsliteratur,* Diss. (Breslau, 1901), S. 10.
11. Joinville, Jean de, *Histoire de Saint Louis,* Kap. LVI, § 280 f. (Angers, 1941); vgl. auch Dreesbach, E., *op. cit.,* S. 34; Guillau-

me de Tyr, XXI, 23 (*Receuil* ..., *Historiens occidentaux,* I/2 [1849], S.1043f.; franz. Übersetzung, Bd.II, S.395). (Des Herrn Johann von Joinville Geschichte des Hl.Ludwig. Übers. von S.Aschner. Mainz, 1928.)

12. Southern, R.W., *Western Views of Islam in the Middle Ages* (Cambridge, Mass., 1962), S.28f.

13. *Gesta Dei per Francos,* I, Kap.III (*Patrologia Latina,* Bd.156, 689); vgl. Southern, S.31.

14. Der Stricker, *Karl der Große,* Hg. K.Bartsch (Quedlinburg und Leipzig, 1857), Vers 4205, S.111; vgl. Adolf, H., „Christendom and Islam in the Middle Ages: New Light on ‚Grail Stone‘ and ‚Hidden Host‘“, *Speculum,* Bd.32 (1957), S.103–115, besonders S.105.

15. Vgl. Pellat, Y. und Ch., „L’idée de Dieu chez les ‚Sarrasins’ des Chansons de Geste“, *Studia Islamica,* Bd.22 (1965), S.5–42.

16. Vgl. Monneret de Villard, U., *Lo studio dell'Islam in Europa nel XII e nel XIII secolo.* Studi e Testi Nr.110 (Città del Vaticano, 1944), S.2f.

17. Die Übermittlung erfolgte nicht nur durch Bücher. So erzählt der anglonormannische Mönch und Historiker Orderic Vital (gestorben nach 1143), um das Jahr 1100 sei Prinz Ludwig, der spätere Ludwig VI., von seiner Stiefmutter Bertrade d’Anjou vergiftet worden. „Da alle französischen Ärzte ihn nicht zu heilen vermochten, kam aus der Berberei (Nordafrika, hier eher das maurische Spanien) ein struppiger Mensch (*quidam hirsutus,* langhaarig und bärtig), der sich daran machte, an dem jungen Mann, der in einem hoffnungslosen Zustand war, ein medizinisches Experiment durchzuführen. Gott sei Dank hatte er Erfolg, obschon ihm die einheimischen (französischen) Ärzte mit Verachtung begegneten. Dieser Mann hatte lange unter den Heiden (den Muslimen) gelebt und hatte bei ihren Meistern die tiefsten Geheimnisse der Physik (Medizin) genau studiert. In der Tat hatte die lange philosophische Forschung sie in der Kenntnis der Dinge über alle berberischen Gelehrten erhoben. Der Prinz erholte sich daraufhin ...“ (*Historica ecclesiastica,* XI, 9, Hg. A. Le Prévost, Bd.IV [Paris, 1838–1855],

S. 196–197; vgl. die franz. Übersetzung des ganzen Berichts in Zeller, A. und Lucaire, P., *Les Premiers Capétiens* [Paris, 1883], S. 140 f.; ich übersetze hier wortwörtlich).

18. Migne, *Patrologia Latina*, Bd. 189, 651–652; vgl. Southern, R. W., *op. cit.*, S. 38 f.; Leclercq, Dom J., *Pierre le Vénérable* (Abbaye St. Wandrille, 1946), S. 242 f.

19. Siehe vor allem d'Alverny, M.-Th., „Deux traductions latines du Coran au Moyen Age", *Archives d'histoire doctrinale et littéraire du Moyen Age,* Bd. 22–23 (1947–1948), S. 69–131, und Kritzeck, J., *Peter the Venerable and Islam* (Princeton, 1964); Zusammenfassung desselben, „Robert of Ketton's Translation of the Qur'ân", *The Islamic Quarterly,* Bd. 2 (1955), S. 309–312.

20. Vgl. Minio-Paluello, L., „Aristotele dal mondo arabo a quello latino", *L'Occidente e l'Islam nell'alto Medioevo,* Bd. II (Settimane di studio del Centro italiano sull'alto Medioevo XII, 2.–8. April 1964; Spoleto, 1965), S. 603–637.

21. Siehe unter anderen d'Alverny, M.-Th., „L'introduction d'Avicenne en Occident", *Millénaire d'Avicenne, Revue du Caire,* Nr. 141 (Juni 1951), S. 130–139; und seine „Notes sur les traductions médiévales d'Avicenne", *Archives d'histoire doctrinale et littéraire du Moyen Age,* Bd. 19 (1952), S. 337–358; Steinschneider, M., *Die europäischen Übersetzungen aus dem Arabischen bis Mitte des 17. Jahrhunderts* (Leipzig, 1904–1905; Neuaufl. Graz, 1966), S. 16–32.

22. *Opus tertium,* Hg. Brewer, S. 32; zitiert von de Vaux, R., „Notes et textes sur l'avicennisme latin aux confins des XIIᵉ–XIIIᵉ siècles" (Paris, 1934; *Bibliothèque thomiste,* Nr. 20), S. 58, Anm. 9.

23. *Opus majus,* Hg. Bridges, II, S. 227 f.; zitiert von de Vaux, R., *op. cit.,* S. 60, Anm. 3.

24. Vgl. Jolivet, J., „Abélard et le Philosophe (Occident et Islam au XIIᵉ siècle)", *Revue de l'histoire des religions,* Bd. 164 (1963), S. 181–189. Es ist bemerkenswert, daß Abaelard in der Erbitterung über die Schwierigkeiten mit den Theologen seines Landes davon träumt, sich in einem muslimischen Land niederzulassen; dort könnte er wenigstens sein Leben unter einem rechtlich gesicherten Status verbringen, wenn auch inmitten

von Feinden des Christentums: Abaelard, *Historia calamitatum*, Hg. J. Monfrin (Paris, 1959), S. 97 f.; vgl. Roques, R., *Structures théologiques, de la Gnose à Richard de Saint-Victor* (Paris, 1962), S. 261.

25. Thomas von Aquin, *Summa contra gentiles*, I, 2.

26. Monneret de Villard, U., *op. cit.*, S. 36; vgl. S. 37, Anm. 5.

27. Vgl. Daniel, N., *Islam and the West, the Making of an Image* (Edinburgh, 1960), S. 65 f.

28. Nach Dreesbach, E., *op. cit.*, S. 36 f., 67 f.

29. *Ibid.*, S. 40 f.

30. Vgl. Cerulli, E., *„Il libro della Scala" e la questione delle fonti arabo-spagnole della Divina Commedia* (Città del Vaticano, 1949), S. 417 f.

31. Hg. Thomas Erpenius, *Historia saracenica* (Leiden, 1625); sie folgt der *Chronik* al-Makīns (eines christlichen Arabers).

32. Vgl. Udovich, A., „At the origins of the Western Commenda: Islam, Israel, Byzantium", *Speculum*, Bd. 37 (1962), S. 198–207.

33. Schaube, A., *Handelsgeschichte der römischen Völker des Mittelmeergebiets bis zum Ende der Kreuzzüge* (München und Berlin, 1906), S. 30 f.

34. *Ibid.*, S. 36.

35. Ich folge der bewundernswerten Synthese von Lopez, R. S., „L'importanza del mondo islamico nella vita economica europea", *L'Occidente e l'Islam nell'alto Medioevo*, Bd. I, S. 433–460.

36. Schaube, A., *op. cit.*, S. 33, 296 f. Vgl. Le Goff, J., *Marchands et banquiers du Moyen Age* (Paris, 1956), S. 75.

37. Lopez, R. S., *op. cit.*, S. 460.

38. *Si in fide Christi et Christianitate sancta semper firmi fuissent* ... R. Grousset (*Histoire des Croisades* [Paris, 1934–1936], Anm. 1) fragt sich, welches der Sinn dieses Hinweises sei. Wie hätte der Kreuzfahrer wissen können, daß die Vorfahren der Seldschuken dem Nestorianismus zugeneigt waren? Geht es nicht vielmehr um die vage Vorstellung, das ganze Gebiet des Islams habe seinerzeit zum Christentum gehört und infolgedessen seien alle, die nicht rein arabischer Abstammung sind, Nachkommen von Renegaten?

39. *Histoire anonyme de la première Croisade,* Hg. und Übers. Louis
Bréhier (Les Classiques de l'histoire de France au Moyen Age
[Paris, 1924], S. 50–53).

40. Vgl. Grousset, R., *op. cit.,* Bd. III (Paris, 1936), S. 28 f.

41. Schon in der zweiten Hälfte des dreizehnten Jahrhunderts gibt
der *Novellino* „Saladino . . ., soldano, nobillissimo signore,
prode e largo" („Saladin . . ., Sultan, sehr edler Herr, tapfer
und großzügig") als Vorbild an, der den Christen während eines Waffenstillstandes die Leviten liest und der, angewidert von
ihrer Verachtung für die Armen und von ihrer Unehrerbietig-
keit der eigenen Religion gegenüber, erneut zu den Waffen
greift, während er sich sonst zum Christentum hätte bekehren
lassen (§ XXV, Hg. E. Sicardi; Straßburg, o. J., S. 52 f.). Die
Geschichte ist übrigens schon älter.

42. Duparc-Quioc, S., *Le Cycle de la Croisade* (Paris, 1955),
S. 128–130. Vgl. Paris, G., „La légende de Saladin", *Journal des
Savants* (Paris, 1893), S. 284 f., 364 f., 428 f., 486 f., sowie sepa-
rate Ausgabe (Paris, 1893); Daniel, N., *Islam and the West,*
S. 199 f.; *Saladin, suite et fin du deuxième Cycle de la Croisade,*
krit. Ausg. von Larry S. Crist (Genf und Paris, 1972), „Textes
littéraires français", Nr. 185.

43. Paris, G., *op. cit.,* S. 34; vgl. auch Paris, G., *La littérature française au Moyen Age,* 5. Aufl. (Paris, 1913), § 87 f.

44. Vgl. Munro, D. C., „The Western Attitude toward Islam du-
ring the Period of the Crusades", *Speculum,* Bd. 6 (1931),
S. 329–343, besonders S. 339.

45. *Ibid.;* vgl. Grousset, R., *op. cit.,* III, S. 83 f.

2. Ein weniger polemisches Bild entsteht und vergeht

1. Zu diesem Gedanken vgl. Rodinson, M., „Problématique de
l'étude des rapports entre Islam et communisme", Actes du
Colloque sur la sociologie musulmane, 11.–14. September 1961
(Brüssel, o. J.), S. 119–149; wiederaufgenommen und differenziert in *Marxisme et monde musulman* (Paris: Seuil, 1972), S. 130 f.;
in „Sociologie marxiste et idéologie marxiste", *Diogène,*

Nr. 64(1968), S. 70–104; und in *Marx et la pensée scientifique contemporaine*. . .(Den Haag und Paris: Mouton, 1969), S. 67–92.

2. Vgl. Kantorowicz, E., *Kaiser Friedrich der Zweite*, Bd. I, (Berlin, 1927–1931; Neudruck Düsseldorf und München, 1963), S. 122, 170 f., 321 f. usw.

3. *Ibid.*, S. 154 f.; vgl. Grousset, R., *op. cit.*, III, S. 271 f.

4. Vgl. Kantorowicz, E., *op. cit.*, S. 455; Massignon, L., „La légende *de tribus impostoribus* et ses origines islamiques", *Revue de l'histoire des religions*, Bd. 82 (1920), S. 74–78; Nachdruck in Massignon, L., *Opera Minora*, Bd. I (Beirut, 1963), S. 82–85; Southern, R. W., *op. cit.*, S. 75, Anm. 16. Das positive Pendant zur Geschichte der drei Betrüger ist jene der drei Ringe (drei Religionen), die ein Vater seinen drei Söhnen gibt und von denen man nicht weiß, welches der echte, der kostbare ist. Sie findet sich im *Novellino* (zweite Hälfte des dreizehnten Jahrhunderts), wo das Lob von Friedrich II. und Saladin gesungen wird (Kap. LXXIII, Hg. E. Sicardi, S. 94 f.), und erreicht über Boccacio (*Decamerone*, I, 3) Lessing (*Nathan der Weise*, 1779).

5. Vgl. Daniel, N., *Islam and the West*, S. 195 f. *et passim*.

6. Wolfram von Eschenbach, *Parzival*, Vers 108.

7. *Op. cit.*, Vers 782.

8. *Op. cit.*, Vers 453.

9. Vgl. Goetz, H., „Der Orient der Kreuzzüge in Wolframs *Parzival*", *Archiv für Kulturgeschichte*, Bd. 49, H. 1, S. 1–42; Plessner, M., „Orientalistische Bemerkungen zu religionshistorischen Deutungen von Wolframs *Parzival*", *Medium Aevum*, Bd. 36 (1967), S. 253–266.

10. Jean de Plan Carpin, *Historia mongalorum*, Kap. 8; franz. Übers. von C. Schmitt (Paris: Ed. franciscaines, 1961), S. 90 f. (Jean Du Plan de Carpin: Geschichte der Mongolen und Reisebericht 1245–1247. Übers. v. F. Risch. Leipzig, 1930.)

11. Vgl. Southern, R. W., *op. cit.*, S. 42 f.

12. *Ibid.*, S. 52 f.

13. Dante, *Inferno* IV, 129, 143 f.

14. Vgl. Southern, R. W., *op. cit.*, S. 77 f.

15. *Ibid.,* S. 75 f.
16. *Canterbury Tales,* Prolog 429–434: „Seinen Äskulap, Dioskuri-des, Rufus, Hippokrates, Hali, Galenus, Serapion und Rhases hatte er gründlich studiert, aber auch im Avicenna, Averroës, Constantinus Africanus, Bernard Gordon, Gaddesden und Gilbert war er wohl beschlagen." *Canterbury-Erzählungen,* übers. von Detlef Droese (Zürich: Manesse, 1971), S. 21.
17. Vgl. Schipperges, H., *Ideologie und Historiographie des Arabis-mus* (Wiesbaden, 1961).
18. Petrarca, *Senilia* XII, Ep. 2; *Opera* (Basel, 1581), S. 913. Vgl. Cerulli, E., „Petrarca e gli Arabi", *Studi in onore di A. Schiaffi-ni, Rivista di cultura classica e medioevale,* Bd. 7 (1965), S. 331–336.

3. Die engere Koexistenz: Der Feind wird zum Partner

1. Vgl. hierzu Southern, R. W., *op. cit.,* S. 86 f.
2. Vgl. beispielsweise Commynes, Philippe de, *Mémoires* VII, 17, in *Historiens et chroniqueurs du Moyen Age,* Hg. A. Pauphilet und E. Pognon, 2. Aufl., Nr. 48 (Paris: Bibliothèque de la Pléia-de, 1958), S. 1345; wissenschaftl. Ausg. J. Calmette und G. Durville, Bd. III (Paris, 1924–1925), S. 103.
3. Siehe Hale, J. R. in *The Cambridge Modern History,* Bd. I, *The Renaissance* (Cambridge, 1957), S. 264.
4. Commynes, Philippe de, *Mémoires* VII, 19 (Bibliothèque de la Pléiade, S. 1351; wissenschaftl. Ausg., Bd. III, S. 116).
5. Burchard, J., *Diarium,* Hg. E. Celani, Bd. I (Città di Castello, 1907–1913), S. 547 f.; Hg. Thuasne, Bd. II (1885), S. 202 f.; franz. Übersetzung von J. Turmel (Paris: Rieder, 1932), S. 175 f. (Johannes Burchardus: Alexander der VI. und sein Hof. Nach dem Tagebuch seines Zeremonienmeisters Burchar-dus. Hrsg. v. L. Geiger. Stuttgart, 1912.)
6. Vgl. Turmel, J., Anmerkung zu seiner Übersetzung von J. Bur-chard, S. 222.
7. Hale, J. R., *op. cit.,* S. 265.
8. Parry, V. J., in *The Cambridge Modern History,* Bd. I, S. 403.

Gute Beziehungen zwischen Mailand und den Türken waren zu jener Zeit Tradition. Sie wurden durch die gemeinsame Gegnerschaft zu Venedig zementiert und noch verstärkt, als die lombardische Stadt ihre ständige Rivalin Genua dominierte. Ein Jahrhundert zuvor hatten diese Beziehungen Mailands sogar Auswirkungen auf die französische Innenpolitik gehabt. Herzog Giangaleazzo Visconti (1385–1407), Urgroßvater Ludovicos, und Sultan Bāyezīd I. „liebten einander sehr, obschon sie sich nie gesehen hatten", schreibt ein Zeitgenosse (*Relation de la croisade de Nicopolis,* nach Froissart, *Chroniques,* Hg. J. Kervyn de Lettenhove, Bd. XV [Brüssel, 1867–1877], S. 492). Es ist auch bekannt, daß der Herzog durch seine Tochter Valentina, die Louis d'Orléans, den Bruder von König Karl VI., geheiratet hatte, über die Angelegenheiten des französischen Hofs unterrichtet war. Als die von Jean de Nevers geführten „Kreuzfahrer" 1396 bei Nikopolis vom Sultan besiegt wurden, ließ Bāyezīd I. den burgundischen Ritter Jacques de Heilly frei, damit er Paris die Nachricht seines Sieges und seine Lösegeldforderungen übermittle, doch befahl er ihm, über Mailand zu reisen und dort Giangaleazzo aufzusuchen. Der Herzog von Burgund, Vater von Jean de Nevers, schrieb zwei Briefe an den Herzog von Mailand und bat diesen, seinen Sohn dem Wohlwollen des Sultans zu empfehlen (Delaville le Roux, J., *La France en Orient au XIVe siècle,* Bd. I [Paris, 1886], S. 291, 301, 302). Das hinderte den Grafen von Nevers, den künftigen Herzog Jean sans peur, nicht daran, anzunehmen, daß die von Valentine d'Orléans an Mailand übermittelten Informationen zur Niederlage beigetragen hatten. Nach zwei harten Jahren in türkischen Kerkern, in denen er seine Gefährten hatte leiden und sterben sehen, wurde er freigelassen, und er kehrte voller Groll nach Hause zurück. Dies und noch viele andere Motive lagen dem wilden Haß zugrunde, der ihn schließlich die Ermordung von Louis d'Orléans befehlen ließ; der Mord geschah am Abend des 23. November 1407 in der Rue Vieille-du-Temple in Paris (vgl. Froissart, *op. cit.,* XV, S. 354; d'Avout, J., *La querelle des Armagnacs et des Bourguignons* [Paris: Gallimard,

1943], S. 43 ff.). Zwei Jahrzehnte später waren die Beziehungen zwischen Herzog Filippo Maria Visconti (1412–1447), Sohn von Giangaleazzo, und Sultan Murād II. (1421–1451), Enkel Bāyezīds, nicht weniger eng. Sie bezeichneten sich als „Brüder" und tauschten Geschenke aus. Einem Gesandten Mailands, der ihn – immer noch gegen Venedig gerichtet – zum Frieden und zu großen Gebietskonzessionen zugunsten von Sigismund, dem Kaiser von Deutschland und König von Ungarn, überreden wollte, antwortete Murād 1433 öffentlich, es sei schon genug, daß er „aus Liebe zu ihm es schon oft aufgeschoben habe, im Königreich Ungarn große Eroberungen zu machen". Dennoch stellte er kurz danach den Krieg in Siebenbürgen ein und schickte eine friedliche Gesandtschaft mit kostbaren Geschenken zu Sigismund, um ihn zu seiner Krönung in Rom im Jahr 1433 zu beglückwünschen. Vgl. Broquière, Bertrandon de la, *Le voyage d'Outremer*, Hg. Ch. Schéfer (Paris, 1892), S. 191–196; Romano, G., „Filippo Maria Visconti e i Turchi", *Archivio Storico Lombardo*, Bd. 17 (1890), S. 585–618. Für eine Übersicht siehe Vaughan, Dorothy M., *Europe and the Turk, a Pattern of Alliances, 1350–1700* (Liverpool: University Press, 1954).

9. Vgl. Daniel, N., *Islam, Europe and Empire* (Edinburgh, 1966), S. 12.

10. Burckhardt, J., *Die Kultur der Renaissance in Italien* (Basel, 1860), 1. Teil; Babinger, F., *Mahomet II le Conquérant et son temps*, franz. Übersetzung (Paris: Payot, 1954), S. 396 f. usw. (F. Babinger: Mehmed der Eroberer und seine Zeit. München, 1953.)

11. Die Dissertation von V. Segesvary, *L'Islam et la Réforme, étude sur l'attitude des Réformateurs zurichois envers l'Islam (1510–1550)* (Lausanne: Ed. L'Age d'Homme, 1977), enthält viel Material, das weit über die Reformation in Zürich und sogar in der Schweiz hinausgeht.

12. Vgl. Schwoebel, R., *The Shadow of the Crescent, The Renaissance Image of the Turk (1435–1517)* (Nieuwkoop, 1967), S. 148, 189.

13. Vgl. Grenard, F., *Grandeur et décadence de l'Asie* (Paris: A. Colin, 1939), S. 130.

4. Von der Koexistenz zur Objektivität

1. Schwoebel, R., *op. cit.*, S. 188, vgl. S. 180, doch ist Harff über Asien viel weniger nüchtern.
2. Vgl. beispielsweise Machiavelli, *Der Fürst,* Kap. XIX, wo er das Osmanische Reich mit jenem der Mamlūken vergleicht, wobei letzteres als Beispiel für eine Wahlmonarchie dem Papsttum gegenübergestellt wird; siehe auch Kap. IV und *Discorsi sulla prima Deca di Tito Livio,* Buch II, Vorwort.
3. Schwoebel, R., *op. cit.*, S. 178.
4. Siehe z. B. Levi Della Vida, G., „Fonti orientali dell'Isabella ariostesca", in seinen *Aneddoti e svaghi arabi e non arabi* (Mailand und Neapel, 1959), S. 170–190.
5. William Shakespeare, *Othello,* III, 4, Vers 53 f.
6. *Segraisiana* zit. von Lanson, G., *Théâtre choisi de Racine,* 7. Aufl. (Paris, 1910), S. 437.

5. Die Entstehung der Orientalistik

1. Vgl. Fück, J., *Die arabischen Studien in Europa bis in den Anfang des 20. Jahrhunderts* (Leipzig, 1955), S. 36 f. Zu G. Postel siehe insbesondere Secret, F., *Les Kabbalistes chrétiens de la Renaissance* (Paris 1964), S. 171 f. *et passim;* Moubarac, Y., *Recherches sur la pensée chrétienne et l'Islam* ... (Beirut, 1977), S. 45 f.
2. Siehe Preti, G., *Storia del pensiero scientifico* (Mailand, 1957), S. 278, 287 f.
3. Vgl. die Hinweise auf die Klassiker des Marxismus, die, als Ritual, in der Sowjetunion auch in hochspezialisierte wissenschaftliche Arbeiten eingestreut sind.
4. Tatsache, die von J. Fück anerkannt wird (*op. cit.*, S. 98).
5. Siehe vor allem Abdel-Halim, M., *Antoine Galland, sa vie et son œuvre* (Paris, 1964).
6. Vgl. insbesondere Dufrenoy, M.-L., *L'Orient romanesque en*

France, *1704–1789*, Bd.I–II (Montreal, 1946/1947); Bd.III (Amsterdam, 1975).

6. Das Zeitalter der Aufklärung

1. *Histoire critique des créances et des coutumes des nations du Levant, par le sieur de Moni* (Pseudonym und Anagramm von R.Simon) (Frankfurt, 1684), Kap.XV; vgl. Simon, R., *Lettres choisies*, Bd.III (Amsterdam 1730), S.245f., 258f., und Steinmann, J., *Richard Simon et les origines de l'exégèse biblique* (Paris 1960), S.157f.; siehe ferner Rodinson, M., „Richard Simon et la dédogmatisation", *Temps modernes*, Nr.202 (März 1963), S.1700f.
2. Adrianus Relandus, *De religione mohammedica* ... (Utrecht, 1705).
3. Vgl. Arnold, T.W., „Toleration (Muhammadan)", in Hastings, J., *Encyclopaedia of Religion and Ethics*, Bd.XII (Edinburgh, 1921), S.365–369, *in fine;* Babinger, F., *op. cit.*, S.143f.
4. Siehe Voltaire, Robertson, Herder. Vgl. Schipperges, H., *Ideologie und Historiographie des Arabismus*, S.29, 34. Dieses Thema wurde am Ende des Jahrhunderts vom spanischen Jesuiten Juan Andrès (1740–1817) in seinem Buch *Origen, progresos y estado actual de toda la literatura* (ital. Ausg. Parma, 1782–1798; span. Übers., 1784–1806) ausführlich behandelt.
5. Daniel, N., *Islam and the West*, S.288.
6. Eine Haltung, die von den Muslimen und von den Orientalisten selten erfaßt worden ist! Vgl. die Tragödie *Mahomet* und, beispielsweise, die Kapitel VI, XXVII und XLIV des *Essai sur les Moeurs*. Voltaire klärte die Situation später selbst im Artikel „Mahométans" des *Dictionnaire philosophique*. Das Buch von Djavâd Hadidi, *Voltaire et l'Islam* (Paris: P.O.F., 1974) präsentiert eine vereinfachte und apologetische Analyse, hat aber den Vorteil, viele verstreute Texte zu vereinen.
7. Fück, J., *op. cit.*, S.108–124.
8. Vgl. Hazard, Paul, *La crise de la conscience européenne (1680–1715)*, Bd.I (Paris, 1935), S.22.

9. Petrocchi, M., „Il mito di Maometto in Boulainvilliers", *Rivista storica italiana*, Bd. 60 (1948), S. 367–377.
10. Daniel, N., *Islam, Europe and Empire*, S. 14 f.
11. Montesquieu, *L'esprit des lois*, III, 9.
12. *Anastasius or Memoirs of a Modern Greek* (ohne Autorennamen erschienen, London, 1819), Kap. 32; franz. Übers. von J.-A. Buchon (Paris, 1844), S. 419.
13. Vgl. Lewis, B., „Some English Travellers in the East", *Middle Eastern Studies*, Bd. 4, Nr. 3 (April 1968), S. 269–315; Daniel, N., *Islam, Europe and Empire*, S. 13 f., 20 f.
14. *Confessions*, Buch IV.
15. Hazard, P., *op. cit.*, I, S. 20, 23 f.; Dufrenoy, M.-L., *op. cit.*, S. 157 f.
16. Vgl. die Dissertation von Jean Gaulmier, *L'idéologue Volney* (Beirut, 1951), eine geschickte Zusammenfassung, sowie *Un grand témoin de la Révolution et de l'Empire*, Volney (Paris: Hachette, 1959).
17. Vgl. Fück, J., *op. cit.*, S. 135–140; Schwab, R., *La Renaissance orientale* (Paris, 1950), S. 208 f.

1. *West-östlicher Divan*, Noten und Abhandlungen, Einleitung. (Goethe, Werke. Hamburger Ausgabe, Bd. 2, S. 127.)
2. Lichtenberger in der Einleitung zur Ausgabe des *Divan* mit franz. Übersetzung (Paris: Aubier-Montaigne, 1940); vgl. Schwab, R., *op. cit.*, S. 386.
3. *Athenaeum*, 1800, zit. von Schwab, R., *op. cit.*, S. 20.
4. Vgl. Lukács, G., *Brève histoire de la littérature allemande* (du XIIIᵉ siècle à nos jours), franz. Übers. (Paris, 1949), S. 83 f. (G. Lukács: Skizze einer Geschichte der neueren deutschen Literatur. Berlin, 1953.)
5. Der Ausdruck findet sich bei den zeitgenössischen Autoren; vgl. Schwab, R., *op. cit.*
6. Fück, J., *op. cit.*, S. 141.
7. Fück, J., *ibid.*, S. 140–158; Dehérain, H., *Silvestre de Sacy, ses contemporains et ses disciples* (Paris, 1938).

8. Dragoman: alte Bezeichnung für Dolmetscher in den Ländern der Levante; altes Lehnwort aus dem arabischen *turjumān*, Interpret, was wiederum aus dem Akkadischen (Assyro-babylonischen) *turgumannu* stammt.

9. Es gab auch einen gereimten arabischen Titel und einen französischen Titel (Mines de l'Orient exploitées par une société d'amateurs). Als Motto eine sehr passende Stelle aus dem Koran: „Sprich: ‚Allahs ist der Westen und der Osten; er leitet, wen er will, auf den rechten Pfad.'" *Der Koran,* Übers. von Max Henning, 2 136. (142.) (Wiesbaden, o. J.).

10. Vgl. Bartol'd, V. V., *La découverte de l'Asie* (franz. Übers., Paris, 1947), S. 264 f.; Fück, J., *Die arabischen Studien . . .,* S. 155, 195 f.; Dancig, B. M., „Iz istorii izučeniya Bliznegio Vostoka v Rossii", *Očerki po istorii russkogo vostokovedeniya,* IV (Moskau, 1959), S. 3–38; Kračkovskij, I. Yu., *Očerki po istorii russkoj arabistiki* (Moskau und Leningrad, 1950), S. 73 ff. (deutsche Übers. von O. Mehlitz, Die russische Arabistik, Umrisse ihrer Entwicklung [Leipzig, 1957], S. 69 ff.).

11. Giaur: geläufige Bezeichnung jener Zeit (Byron publizierte sein Gedicht *The Giaour* 1813); Übertragung eines türkischen Ausdrucks „der Verachtung, der früher auf die gleiche Art und Weise auf die Christen angewandt wurde, wie diese in Europa das Wort ‚Ungläubiger' benutzten, um die Muslime zu bezeichnen", schrieb Diran Kélékian im *Dictionnaire turc-français* (Konstantinopel, 1911), S. 1007.

12. Die meisten präzisen Informationen, Zitate usw. zu diesem Thema finden sich im schon erwähnten Buch von N. Daniel, *Islam, Europe and Empire;* in seinen Erklärungen muß er indessen korrigiert werden, wie A. Hourani in seiner Besprechung in *Middle Eastern Studies,* Bd. 4, Nr. 3 (April 1968), S. 325 f., festhielt.

13. Besonders bezeichnend hierfür ist das Buch des Abbé Rouquette von der Gesellschaft für die Afrikamission in Lyon, *Les Sociétés secrètes chez les musulmans* (Paris und Lyon, 1899).

14. Ernest Renan schlug, mit einigem Zögern, diese Richtung ein; siehe vor allem seinen berühmten Vortrag vom 29. März 1883

an der Sorbonne, *L'Islamisme et la science* (Paris, 1883). Extremer Ausdruck dieser Tendenz ist ein Buch mit dem sprechenden Titel *La pathologie de l'Islam et les moyens de le détruire,* das ein Grieche, ein militanter Antisemit, der sich D. Kimon nannte, herausbrachte (Paris, 1897); er war auch Autor eines gegen die Juden gerichteten Buches, *La politique israélite, étude psychologique* (Paris, 1889).

15. Beispiele in Daniel, N., *op. cit.,* S. 385 usw.

16. Vgl. Waardenburg, J.-J., *L'Islam dans le miroir de l'Occident* (Paris und Den Haag, 1963), S. 102–106.

17. *Geschichte der herrschenden Ideen des Islams* (Leipzig, 1868; Neuauflage Hildesheim, 1961), S. XVII.

8. Die Erschütterung des europäischen Ethnozentrismus

1. Lothrop Stoddard: The new world of Islam (New York, 1922). Ausgabe von Chapman and Hall (London, 1921), S. 109; weitere Ausgabe bei Ch. Scribner (New York, 1921); franz. Übers. unter dem Titel *Le nouveau monde de l'Islam* (Paris, 1923), S. 120, Kap. III, *in fine.*

2. *Ibid.,* S. 299; franz. Übers. S. 315 (Kap. IX, *in fine*).

3. Besonders typisch ist der berühmte Brief der französischen Kommunisten von Sidi-bel-Abbès in Algerien an das Sekretariat ihrer Partei, der zum erstenmal von H. Carrère d'Encausse und S. Schram publiziert wurde in *Le marxisme et l'Asie 1853–1964* (Paris, 1965), S. 268–271.

4. „Gute Arbeit, aber hüten Sie sich vor dem Malerischen und dem Romantischen!" Das war die Empfehlung, welche die russische kommunistische Journalistin Maroussia auf dem Bahnhof von Taschkent dem französischen Kommunisten Paul Vaillant-Courtier mitgab, der eine Reise durch Usbekistan unternahm (Vaillant-Courtier, P., *Les bâtisseurs de la vie nouvelle,* Bd. II, *Au pays de Tamerlan* [Paris, 1932], S. 9 f. Diese Empfehlung „wird man während der ganzen Reise wie ein Transparent vor sich hertragen müssen", kommentiert er auf S. 11 f.

5. Vgl. Bennigsen, A., und Quelquejay, Ch., *Les mouvements na-*

tionaux chez les musulmans de Russie, Bd. I, *Le „sultangaliévisme" au Tatarstan* (Paris und Den Haag, 1960); Bennigsen, A. A., und Enders Wimbush, S., *Muslim National Communism in the Soviet Union, a Revolutionary Strategy for the Colonial World* (Chicago und London: The University of Chicago Press, 1979).

6. Vgl. Rodinson, M., *Marxisme et monde musulman* (Paris: Seuil, 1972), insbesondere S. 375 f.

7. Typisch hierfür ist schon das Werk des Theologen Ch.-J. Ledit, *Mahomet, Israël et le Christ* (Paris, 1956).

8. Vgl. meine Einleitung zum Werk von Dagorn, R., *La Geste d'Ismaël d'après l'onomastique et la tradition arabes* (Genf: Droz, 1980).

9. Der erste soziologisch orientierte Kongreß über Islamwissenschaft fand 1961 in Brüssel statt: *Colloque sur la sociologie musulmane, 11–14 septembre 1961, Actes* (Brüssel, o. J.).

10. Siehe den programmatischen Artikel von Cahen, Cl., „L'histoire économique et sociale de l'Orient musulman médiéval", *Studia islamica,* Bd. 3 (1955), S. 93–115. Das erste Kolloquium, das speziell der (mittelalterlichen, neueren und zeitgenössischen) Wirtschaftsgeschichte der muslimischen Welt gewidmet war, wurde 1967 in London abgehalten: *Studies in the Economic History of the Middle East from the Rise of Islam to the Present Day* (London: O. U. P., 1970). Pioniere ganz unterschiedlicher Färbung waren Jean Sauvaget, Bernard Lewis und Claude Cahen.

11. Besonders erhellend ist der Artikel von Bichr Farès, „Des difficultés d'ordre linguistique, culturel et social que rencontre un écrivain arabe moderne, spécialement en Egypte", *Revue des études islamiques,* Bd. 10 (1936), S. 221–242. Die Schwierigkeiten, denen sich Schriftsteller gegenübersahen, existierten auch für die Vertreter der Humanwissenschaften.

12. Dies wurde von A. Abdel-Malek in seiner Kritik der europäischen Orientalistik, die aber auch gültige Hinweise enthält, zu wenig berücksichtigt: „L'orientalisme en crise", *Diogène,* Nr. 44 (Okt./Dez. 1963), S. 109–142; vgl. die Erwiderungen

von Cl. Cahen (Brief in *Diogène*, Nr. 49 [1965], S. 141–143) sowie von F. Gabrieli („Apologie de l'Orientalisme", *Diogène*, Nr. 50 [1965], S. 134–142.

13. Vgl. die Zahlenangaben von Chesneaux, J., „La recherche marxiste et le réveil contemporain de l'Asie et de l'Afrique", *La Pensée*, Nr. 95 (Jan./Febr. 1969), S. 15–28.

14. Dies war schon im Buch eines aufgeklärten Laien nachzulesen: Grenard, F., *Grandeur et décadence de l'Asie* (Paris, 1939). Im selben Sinn siehe Lewis, B., „The Moguls, the Turks and the Muslim Polity", *Transactions of the Royal Historical Society*, 5th series, Bd. 18 (1968), S. 49–68.

Die arabischen und islamischen Studien in Europa

1. Mohl, J., *27 ans d'histoire des études orientales*, 2 Bde., Bd. I (Paris: Reinwald, 1879–1880), S. 44.

2. *Ibid.*, Bd. I, S. 5 f.

3. *Ibid.*, Bd. I, S. 25 f.

4. Lévy, Reuben, *An Introduction to the Sociology of Islam* (London, 1931–1933); 2. Aufl. *The Social Structure of Islam* (Cambridge, 1957).

5. Van Nieuwenhuijze, C. A. O., *Sociology of the Middle East, a stocktaking and interpretation* (Leiden: Brill, 1971).

6. Van Nieuwenhuijze, C. A. O., *The Trend in Middle East Studies as illustrated by the Dutch case*, Vortrag vor der Niederländischen Gesellschaft für das Studium des Mittleren Ostens und des Islams (Leiden, Juni 1976).

7. Hippokrates, Aphorismen I, 1, nach der Übersetzung von Robert Fuchs.

Die Welt des Islam

Werner Ende/Udo Steinbach (Hrsg.)
Der Islam in der Gegenwart
Unter redaktioneller Mitarbeit von Michael Ursinus.
3. Auflage 1991. 766 Seiten, 8 Abbildungen und 2 Karten. Leinen

Gerhard Endreß
Einführung in die islamische Geschichte
1982. 346 Seiten. Broschiert

Bernhard Lewis
Die Juden in der islamischen Welt
Vom frühen Mittelalter bis ins 20. Jahrhundert
Aus dem Englischen übersetzt von Liselotte Julius.
1987. 216 Seiten, 21 Abbildungen auf Tafeln. Leinen

Roy Mottahedeh
Der Mantel des Propheten
oder das Leben eines persischen Mullah zwischen Religion und Politik
Aus dem Englischen von Klaus Krieger.
2. Auflage 1988. 365 Seiten. Gebunden

Tilman Nagel
Der Koran
Einführung – Texte – Erläuterungen
1983. 371 Seiten. Leinen

Basam Tibi
Konfliktregion Naher Osten
Regionale Eigendynamik und Großmachtinteressen
2. erweiterte Auflage 1991. 279 Seiten. Paperback
Beck'sche Reihe Band 384

Verlag C. H. Beck München